世界五千年
科技故事丛书

卢嘉锡题

世界五千年科技故事丛书

揭开传染病神秘面纱的人

巴斯德的故事

丛书主编　管成学　赵骥民

编著　黄健　郭丽静

吉林出版集团｜吉林科学技术出版社

图书在版编目（CIP）数据

揭开传染病神秘面纱的人：巴斯德的故事 / 管成学，
赵骥民主编. -- 长春：吉林科学技术出版社，2012.10（2022.1 重印）
ISBN 978-7-5384-6098-8

Ⅰ.① 揭… Ⅱ.① 管… ② 赵… Ⅲ.① 巴斯德，L.（1822~1895）
—生平事迹—通俗读物 Ⅳ.① K835.656.1-49

中国版本图书馆CIP数据核字（2012）第156295号

揭开传染病神秘面纱的人：巴斯德的故事

主　　编	管成学　赵骥民	
出 版 人	宛　霞	
选题策划	张瑛琳	
责任编辑	万田继	
封面设计	新华智品	
制　　版	长春美印图文设计有限公司	
开　　本	640mm×960mm　1 / 16	
字　　数	100千字	
印　　张	7.5	
版　　次	2012年10月第1版	
印　　次	2022年1月第5次印刷	

出　　版　吉林出版集团
　　　　　吉林科学技术出版社
发　　行　吉林科学技术出版社
地　　址　长春市净月区福祉大路 5788 号
邮　　编　130118
发行部电话 / 传真　0431-81629529　81629530　81629531
　　　　　　　　　　81629532　81629533　81629534
储运部电话　0431-86059116
编辑部电话　0431-81629518
网　　址　www.jlstp.net
印　　刷　北京一鑫印务有限责任公司

书　　号　ISBN 978-7-5384-6098-8
定　　价　33.00元
如有印装质量问题可寄出版社调换
版权所有　翻印必究　举报电话：0431-81629508

序 言

十一届全国人大副委员长、中国科学院前院长、两院院士

放眼21世纪，科学技术将以无法想象的速度迅猛发展，知识经济将全面崛起，国际竞争与合作将出现前所未有的激烈和广泛局面。在严峻的挑战面前，中华民族靠什么屹立于世界民族之林？靠人才，靠德、智、体、能、美全面发展的一代新人。今天的中小学生届时将要肩负起民族强盛的历史使命。为此，我们的知识界、出版界都应责无旁贷地多为他们提供丰富的精神养料。现在，一套大型的向广大青少年传播世界科学技术史知识的科普读物《世

界五千年科技故事丛书》出版面世了。

由中国科学院自然科学研究所、清华大学科技史暨古文献研究所、中国中医研究院医史文献研究所和温州师范学院、吉林省科普作家协会的同志们共同撰写的这套丛书，以世界五千年科学技术史为经，以各时代杰出的科技精英的科技创新活动作纬，勾画了世界科技发展的生动图景。作者着力于科学性与可读性相结合，思想性与趣味性相结合，历史性与时代性相结合，通过故事来讲述科学发现的真实历史条件和科学工作的艰苦性。本书中介绍了科学家们独立思考、敢于怀疑、勇于创新、百折不挠、求真务实的科学精神和他们在工作生活中宝贵的协作、友爱、宽容的人文精神。使青少年读者从科学家的故事中感受科学大师们的智慧、科学的思维方法和实验方法，受到有益的思想启迪。从有关人类重大科技活动的故事中，引起对人类社会发展重大问题的密切关注，全面地理解科学，树立正确的科学观，在知识经济时代理智地对待科学、对待社会、对待人生。阅读这套丛书是对课本的很好补充，是进行素质教育的理想读物。

读史使人明智。在历史的长河中，中华民族曾经创造了灿烂的科技文明，明代以前我国的科技一直处于世界领先地位，涌现出张衡、张仲景、祖冲之、僧一行、沈括、郭守敬、李时珍、徐光启、宋应星这样一批具有世界影响的科学家，而在近现代，中国具有世界级影响的科学家并不多，与我们这个有着13亿人口的泱泱大国并不相称，与世界先进科技水平相比较，在总体上我国的科技水平还存在着较大差距。当今世界各国都把科学技术视为推动社会发展的巨大动力，把培养科技创新人才当做提高创新能力的战略方针。我国也不失时机地确立了科技兴国战略，确立了全面实施素质教育，提高全民素质，培养适应21世纪需要的创新人才的战略决策。党的十六大又提出要形成全民学习、终身学习的学习型社会，形成比较完善的科技和文化创新体系。要全面建设小康社会，加快推进社会主义现代化建设，我们需要一代具有创新精神的人才，需要更多更伟大的科学家和工程技术人才。我真诚地希望这套丛书能激发青少年爱祖国、爱科学的热情，树立起献身科技事业的信念，努力拼搏，勇攀高峰，争当新世纪的优秀科技创新人才。

目　录

引　子

　　很早以前我们人类就与传染病打上了交道，今天人们已经知道，传染病是一类由病原微生物传染引起的疾病。这些病原微生物非常小，人的肉眼是无法看到的，只有在显微镜下才能捕捉到它们的踪迹。在过去漫长的年代，由于医学的落后，传染病曾猖獗横行了很长时期，人们吃尽了它的苦头，许许多多人因患传染病而失去了宝贵的生命。那个漫长的年代，传染病不仅发生次数频繁，而且流行地区广泛，有人做过一个简单的统计，在我国东汉年间，仅从汉桓帝刘志到汉献帝刘协的短短70余年里（147—220），就发生过17次传染病流行，其中多次是连年大流行，每次传染病的流行就犹如一场浩劫，夺去了无数人的生命。中国文学史上才华横溢、颇负盛名的"建安七子"就是生活在那段时期，他们之中的徐幹、陈琳、应场、刘桢都是因患传染病而英年早逝的。一些烈性传染病的迅速蔓延常会造成世界范围内的大流行，如被列为传染病头号杀手的鼠疫，在历史上曾引起三次世界范围的大流行。其中第二次大流行发生于欧洲十字军东征时期，仅在欧洲大陆因此病而丧生者就达2500万人，几乎占了当时欧洲居民总人口的1/4。传染病就像恶魔一样，无情地吞噬着人类的生命。

多少年来，人类与传染病进行了一次次殊死的较量，许多科学工作者为此付出了毕生的精力或血的代价，才逐渐揭开了一个个病原微生物神秘的面纱。

今天人类疾病谱已发生了很大的改变，绝大多数传染病已得到了有效的控制，其中一些烈性传染病如天花已在地球上灭绝，人类终于实现了降伏传染病这头恶魔的梦想。当人们举杯欢庆胜利的时候，不应该忘记那些曾为征服传染病而付出了辛勤汗水乃至生命的科学家们，更不应忘记那位曾为人类战胜传染病作出杰出贡献的医学伟人，他就是法国著名医学微生物学家——路易斯·巴斯德。

故乡与童年

　　在法国南部的汝拉省的多尔，有个名叫尤拉县的小镇，有一条不起眼的称作爱波斯科塞斯的小河从镇中缓缓流过，1822年12月27日，路易斯·巴斯德就降生在这座小镇上。有人开玩笑说，像巴斯德这样的大人物出世，应当是有天上的音乐相送的，可小巴斯德出生时，和普通孩子似乎没什么两样，同样啼哭挣扎。小巴斯德的童年是在爱波斯科塞斯小河边度过的，他喜欢和小伙伴们在河边追逐打闹，翻跟头，捏泥人，常弄得满身脏泥才回家。他父亲名叫约瑟夫·巴斯德，在当地一家制革厂工作。据说这位老巴斯德以前曾当过兵，当年跟随拿破仑在西班牙和法国本土征战，因作战勇敢很受上司赏识，还荣获过1802年法国政府颁发的勋章，并在1814年4月5日有幸受到拿破仑的接见。巴斯德的母亲是一位聪慧、善良、善解人意、想象力丰富的女性。巴斯德很爱他的父母，父母也异常疼爱他，他们盼望孩子将来能有出息。

转眼之间，小巴斯德已到了上学的年龄，父母把他送到了镇上的一所小学读书。父母第一次送他到学校门口，突然，他出神地停住了脚步，校园里传出了孩子们的琅琅读书声，他异常的兴奋，书本、课堂、老师、新的伙伴，学校的一切对他都是新鲜的。父母希望他能当个好学生，可起初小巴斯德念书成绩很一般，一点也看不出有什么与众不同的地方。每逢上语文课，老师总爱把全班同学分成几组，每组挑出一位成绩最好的同学站在全班同学面前高声朗读课文。这荣誉对小巴斯德来说简直太具有吸引力了，他多么盼望自己能被选上，可惜，他从未享受过这份殊荣，他懊丧极了。这件事在他幼小的心灵里留下了很深刻的印象。

小巴斯德是个不怕吃苦、性格倔强的孩子，他对功课越来越认真。每次做数学题，他都反复推敲，直到真正弄明白为止。对于老师布置的作业，他常常比别人多花二三倍的时间来完成。为此，有些同学嘲笑他脑子笨，可他不以为然，他觉得，只有这种认真的态度，才能使自己学得扎实。就这样，功夫不负有心人，小巴斯德靠着这种在学习上精益求精、锲而不舍的精神，终于在中学毕业时成了班上的一名优秀生，也正是这种精神为他以后在科学上的成功奠定了坚实的基础。

老巴斯德没读过什么书，可十分明理，他很敬重读书人，希望自己的儿子能读很多书，有出息，干出一番大事业。他为人热情、善良，有许多朋友，一天他专程到爱波斯大学校长洛曼雷第家中拜访，谈到了小巴斯德将来的前途。洛曼雷第不仅学识渊博，而且很有头脑，他认为年轻人应该到高等学府里去继续学习深造才有前途，并告诉老巴斯德，巴黎有一所很有名的师范大学，小巴斯德如能在那里学习，将来他一定能成为一名很好的教师，或许还能当大学教授。老巴斯德欣然接受了洛曼雷第校长的建议，决定送爱子到巴黎求学。正是洛曼雷第校长的这番劝告，决定了小巴斯德一生的命运。

踏上求学之路

　　小巴斯德16岁那年，父亲毅然决定送他到巴黎求学。当然，当时凑足这笔路费和学费对巴斯德全家是不容易的，父亲的工资收入非常微薄，母亲又没有固定工作，多年积攒下来的钱也不多，可是为了孩子的前途，还是凑齐这笔钱。当父亲带着巴斯德乘马车进入巴黎城的时候，小巴斯德的眼睛简直不够用了，高耸的楼房，宽阔的马路，市区内熙熙攘攘的人流，川流不息的车辆，真让他眼花缭乱，目不暇接。

马车在巴黎师范大学校门前停住，巴斯德高兴地跳下了马车，他告别了父亲，对他来讲，新的生活就要开始。可求学生活并不像他想象的那么顺利。白天的学习生活是紧张而有序的，他和同学们一起听课，做实验。从大学的课堂上，他学到了许多新的知识，使他大开眼界。可每当夜幕降临，一种孤独感、思乡情便油然而生。的确，对于这个从汝拉省来的乡村孩子来说，巴黎城太大了，他经受不住这种喧闹，也忍受不住这种远离父母亲人的孤独，巴斯德患了严重的思乡病。他时常神情恍惚，半夜惊醒。巴斯德当时的情况在今天远离家乡的新生中也是常见的，这是一种心理障碍。父亲得知这种情况后，专程到巴黎探望他，望着孩子憔悴的面容，老巴斯德心酸了。巴斯德哭着对父亲说："假使我能闻一下制革厂的臭味，我想我的病就可以治愈了。"是啊，他太爱他的双亲，太想他的家和家乡了。他觉得他已经好几年没看到父亲的面孔，其实，此时他来巴黎才刚刚一个月。

　　老巴斯德十分理解儿子的心情，他丝毫没有埋怨孩子，而是将孩子接回了尤拉小镇。回到了家乡，重新回到了父母身边，巴斯德的心情豁然开朗，思乡病也不治而愈了。

后来巴斯德又转入了离家乡只有15千米路程的爱波斯大学就读，在这里学习他感到非常满意，他不仅可以学到各种知识，而且可以经常看到他的双亲。这一点对当时的巴斯德来说太重要了。

几年以后，巴斯德从爱波斯大学毕业了。他离开了柏桑爽，再一次踏上了去巴黎师范大学求学的路程。此时的巴斯德与几年前相比已成熟多了，这次他暗暗下了决心，一定要做一名真正的男子汉。

他在巴黎师范大学紧张的学习生活开始了，白天听教授讲课，做各种实验，晚上在灯下苦读，常常熬到深夜才休息。他对化学产生了浓厚的兴趣，在教授的指导下，他开始研究多种酒石酸盐和葡萄酸盐结晶体的结构。经过反复试验，在世界上第一次将一个不旋光物质析解成两个旋光组分，并指出左右旋酒石酸之间不可叠合的镜影关系，从而推动了对有机化学旋光性的研究。以后的化学家们正是在巴斯德的影响下才建立了立体化学体系。为此，他还获得了1856年法国皇家科学院荣誉勋章。当然，这是后话，年轻的巴斯德已开始了他真正的学者生涯，他在巴黎师范大学获得了物理化学博士学位。

一封求婚信

　　巴斯德从巴黎师范大学毕业了，在朋友们的帮助下，他先来到了第戎大学做物理教授。他在那里工作了一年。第戎位于法国东部布尔戈尼厄运河河港处，离首都巴黎有270千米，是一座十分美丽的小城，市中心耸立着一座13世纪兴建的大教堂，常吸引着无数游人。这一切对巴斯德来说似乎并不重要，紧张工作之余，他仍思念着家乡年迈的父母，想经常能见到他们，可当时的交通条件显然是做不到这一点的。于是他便打算在柏桑爽谋个职，因为那里离家乡毕竟近多了，可后来他却来到斯特拉斯堡大学做了化学教授。

巴斯德来到斯特拉斯堡不久便认识了劳郎一家：劳郎是斯特拉斯堡一所中学的校长，劳郎有三个女儿，他们全家都很喜欢这位来自南部汝拉省的年轻学者，巴斯德空余时间也常到他们家做客。渐渐地，巴斯德发现，每当他和劳郎谈话的时候，他的二女儿总是爱用一种特有的目光注视着他，常常弄得巴斯德不好意思：巴斯德也开始注意起她来。她和她的姐妹们一样漂亮，但相比之下更显得端庄和文静。爱情开始在两位年轻人的心中萌发了。

这天晚上，回到了学院，巴斯德给劳郎写了一封这样的信："我现在向您提一件很重要的事，我想娶您第二个女儿。我今年26岁，在科学界已稍许有点声誉，除了我自己所赚的以外，我没有任何财产。"

几天以后，巴斯德又给劳郎的二女儿写了一封真诚的求婚信，其中有一段这样写道："我的行为告诉我，凡是深知我的人，都是极端地爱着我的，不过在他们之中，没有一个女人："巴斯德深深地爱着她，他在给朋友的信中说："我理想中的妻子所应具备的条件，她都齐备。"或许这正是科学家求爱的一种奇特的方式，劳郎的女儿，也就是后来的巴斯德太太，同样从心底敬仰和爱慕巴斯德。她知道自己所嫁的是怎样的一个人，她对他没有世俗的要求。在以后的日子里，她在生活上无微不至地照顾着巴斯德，替他操持着家务。对于巴斯德所从事的研究工作她总是给予无条件的支持。在实验最紧张的日子里，巴斯德经常不按时回家，巴斯德太太一遍又一遍地热饭热菜，盼着丈夫回来。她疼爱自己的丈夫，理解巴斯德所从事的崇高事业，对于自己所做的一切从无怨言。应该说，巴斯德一生能取得如此巨大的成就，也有他妻子的一份功劳。巴斯德没有选错，是她给了丈夫最宝贵的精神上的支持。

里尔城内的"怪人"

　　1854年由于研究工作的需要，巴斯德全家迁到了里尔城。里尔是法国北部的一座边境小城．接近比利时。当时的巴斯德在化学研究方面已有了很大的名气，因此被聘为里尔科学院院长兼化学教授。

　　巴斯德刚到里尔城，便投入到紧张的研究工作中去了。他首先研究的是酒精的发酵问题。今天人们都知道，发酵，就是有机化合物在微生物的作用下分解，产生酒精、二氧化碳等物质的变化过程。可在当时，不少化学家认为，发酵是一种单纯的化学变化，其中虽然有活的酵母菌存在，但一经发酵，酵母菌就死了，最终是因为酵母分子振动，引起了甜菜的分解，才制成了酒精。巴斯德不同意这种看法，他认为发酵是酵母菌活着的时候作用的结果。要证明自己的观点，就必须用科学实验来说话，因为只有严格的实验结果才能使那些大化学家、教授心服口服。

要用事实把他们驳倒，不是一件容易的事。化学实验，比较容易得结果，因为把不同的物质混合在一起，很快就能看到颜色的变化，溶液之间清晰度有什么不同，最多也就是等几个小时就知道。而要证明发酵过程中有活酵母菌在活动，验证它与化学的说法不同，在当时来说，就不那么容易了。因为它的变化需要时间，做实验的人需要耐心的等候，酵母菌的活动过程有时要等好几天才能出结果。这对做惯了化学实验的巴斯德来说，可真称得上是一次不小的考验。

19世纪的里尔，还是一个不起眼的边境小城，多年来，居民们一直保留着一个古老的传统，那就是天一黑人们就上床就寝。晚间街上，很少能看到灯光。可巴斯德一家的到来，仿佛使这古老的传统改变了。深夜，巴斯德的家中，常常射出明亮的灯光，有时甚至彻夜不息。灯光引来了不少好奇的人们，人们不时从巴斯德家窗前走过，"巴斯德先生在做什么？"大家猜测着。"难道他神经出了毛病？否则为什么天天晚上不睡觉？真是个让人猜不透的怪人。"

其实，此时的巴斯德正在做他的酒精发酵实验。他的实验室狭小而闷热，简直让人透不过气来。屋内堆满了做实验用的瓶子、玻璃管、蒸馏器、煤气灯等用具，墙角处还摆放着一台样子很奇特的烘炉，这是巴斯德亲手设计制作的。

实验室充满了一股呛人的化学药品气味。巴斯德满脸污黑，一双熬红的眼睛仍透着智慧的光芒。只见他不时从烘炉内取出瓶子仔细察看，然后又将瓶子重新放回烘炉内。结果似乎并不令他满意，他焦虑不安地在房间里来回踱步。

突然，他眼神中闪现出一种异样的兴奋，他迅速拿起一根玻璃棒，在瓶子里搅了搅，又放在鼻子上闻了闻，好像发现了什么，可终于沮丧地把瓶子扔进了墙角的污物桶，拳头狠命地在桌上捶了一下，然后自言自语地说："我一定要找出一种证明它存在的方法。"

巴斯德正在为他的酵母菌发酵实验犯愁呢。巴斯德是个急性子，他一遍遍地做着实验，焦急不安地等着结果，可实验结果总让人不满意。究竟是什么地方出了问题呢？他反复思考着实验中的每一个细节。这次他重新改进了实验方法，把含有酵母菌的液体加以过滤，去掉杂质，然后在过滤液里加上糖和石灰。温度过低会使酵母菌死去，于是他就把酵母菌放入烘炉里保温。

巴斯德的实验又重新开始了，他按着新的实验步骤，耐着性子，不停地做，一次次地重复，前后做了上百次。终于，有一天，其中有一根管子发浑了，渐渐变成了灰色巴斯德赶忙把瓶子放在鼻子前，一股酒精的气味散发了出来。他兴奋极了，这说明，酵母菌还活着，酒精气味的存在就是酵母菌活动的证明。巴斯德的酵母菌发酵实验获得了初步成功。

接下去的是，怎样才能把酵母菌的发酵实验引向深入呢？巴斯德想到了显微镜。

显微镜的出现对人类医学的进步有着特别重要的作用。说起显微镜的发明，那还是16世纪的事情。1590年有位荷兰眼镜商人的儿子，在玩弄镜片时偶然发现，用两块凸镜在一定距离内观察物体时，会使物像放得格外大，这引起了他父亲的格外注意，于是父子俩便将透镜固定在直径不同的圆筒上，并使小圆筒能在大圆筒内自由滑动，这就是世界上最早的显微镜。以后，德国人埃伯、意大利人马尔比基、英国人胡克也都做成了显微镜。不过，最终使显微镜得到重大改进并获得实际应用的是荷兰人列文虎克。他在1675年制成了自己的第一架显微镜，以后又不断改进，并用显微镜证实了马尔比基有关毛细血管的发现和精子对胚胎发育的重要性。

从显微镜的发明到此时，差不多已有200年了，可人们对它的用途真正了解得还不太多，科学家们也很少用到它。巴斯德是一位思维敏捷，想象力丰富，很善于接受新事物的人。这一点和其他化学家不同，他对显微镜有一种特殊的偏爱，喜欢把许多小东西放在显微镜下观察。他想，既然瓶子中有酒精气味，就说明酵母菌在活动，那么，为什么不把酵母液放在显微镜下看看呢？他取出一滴酵母液放到了显微镜下仔细观察。天哪！在显微镜下面竟有无数小的长圆形的东西在活动，这是真正的活着的酵母菌。巴斯德的心在突突直跳，他感到兴奋不已，浑身都在哆嗦。他的研究工作有了突破性的进展，他终于向世人证实了，发酵并非仅仅是一种化学变化，而是酵母菌活着的时候作用的结果。以后巴斯德又在此领域进行了更深入的研究，获得了更多的成果。

探索酸酒的奥秘

　　酒，很早便与我们人类结下了不解之缘，谈到酿酒工业的历史，巴斯德还真有一份了不起的功劳呢。

　　酒是用粮食、水果等含淀粉或糖的物质经发酵制成的含乙醇饮料。酒起源于中国，相传在五千多年前的黄帝时期我们的祖先就已经酿造出酒了。随着近代工业的发展，法国的酿酒工业日渐发达，当时主要是酿造葡萄酒和啤酒，可是也正是在19世纪，法国的酒商们遇到了一个举世公认的难题。酿造出的许多葡萄酒和啤酒味道变酸，根本不能饮用，整箱整箱的酒被商店退了回来，酿酒商们蒙受了重大损失，大批酒厂亏本倒闭。此时的巴斯德在法国科学界已初露头角，有了一定的知名度，于是有人推荐巴斯德来解决这个问题。

一天，几位酒商的代表专程来到了巴斯德的实验室，请求他帮助。巴斯德在仔细地听了代表的讲述后，心里开始思索。在这以前，他已经有了与甜菜汁酿造酒精打交道的经验，此次，他又想到了微生物，酒变酸会不会又是微生物在捣乱呢？他决定立即加以验证。

经过显微镜的观察，巴斯德得出了肯定性的结论，凡是在变酸的酒中，他都看到了他已熟悉的长棍状的微生物，也就是今天人们所说的乳酸菌，而在好酒中则没有发现乳酸菌。这样他不用亲口尝，便可很有把握地告诉酒商们，哪桶酒仍是好酒，而哪桶酒已经变酸，因为他只需从整桶的酒中取出一滴样品，放在显微镜下一看，就能加以鉴别。就这样，巴斯德终于用自己的聪明才智找到了酒变酸的元凶。

巴斯德的学识使酒商们大为叹服，但他们并不满足，因为他们的目的是想让巴斯德告诉他们，如何才能酿制出香气浓郁的好酒，而避免废品——酸酒的出现。自然这也是巴斯德接下去要解决的问题。

巴斯德实验室的灯光又开始彻夜通明。他想到了温度，只有高温能够杀灭微生物，而温度过高，除了杀死乳酸菌，还会杀死酵母菌，如何解决这一难题呢？一定要寻找一个合适的温度，既能杀灭乳酸菌，又能保证正常酵母菌的生长繁殖，巴斯德陷入了沉思。

时间一天天地过去，巴斯德的实验仍在紧张地进行，他试了不同的温度，来验证不同的微生物对温度的敏感程度和耐受性的差异。经过了无数次实验，理想的实验温度范围越来越缩小：这天早晨，巴斯德像往常一样，第一个来到了实验室，他打开了第一个瓶盖，一股酒香喷鼻而来，接着第二个、第三个……他终于成功了。为了验证实验的准确性，他将所有的实验样品放在显微镜下检查，结果乳酸菌的含量完全符合要求。巴斯德的实验结果证明，适宜酵母菌生长繁殖，而不利于乳酸菌繁殖的温度条件是50℃—60℃。在这种温度下，能保证所酿出的酒全部是气味醇香的好酒。

消息传出后，酒商们欣喜若狂，纷纷赞扬巴斯德，说是巴斯德的微生物学挽救了法国的酿酒工业。为了永远让世人记住巴斯德在这方面的功绩，人们把这种方法称作"巴斯德消毒法"。

在解决法国酿酒工业所遇实际问题的同时，巴斯德还进行有关微生物发酵方面的理论研究。1860—1865年间，他向法国科学院提交了数篇关于酒精发酵和乳酸发酵方面的论文；1879年他还专门写了一本名叫《发酵的生理学》的书。他在书中讲述了酵母菌、发酵过程与氧和二氧化碳的关系等许多理论问题。难怪后世学者们说，巴斯德是现代工业微生物学和医学微生物学的奠基人。

奇特的登山者

　　阿尔卑斯山脉位于欧洲的南部，它西起法国东南部的尼斯，经瑞士和德国南部、意大利北部，东到奥地利的维也纳。它的最高峰勃朗峰，海拔4807米，有现代冰川及雪田，自然景色尤为壮观，是古今登山者向往的圣地。

　　一百多年以前的一天，在通往阿尔卑斯山脉主峰勃朗峰的陡峭的山路上，出现了几位装束奇特的登山者。这些人手牵着登山者们常用的交通工具——毛驴，正艰难地向山上攀登。他们的装束古怪而离奇，每只毛驴背上，除了登山必备的水和食品以外，驮满了大大小小形状各异的玻璃瓶子和实验器材。阵阵狂风吹来，玻璃瓶子的相互撞击声在山间回荡。这些人不像是普通的登山观景者，他们又为何不畏艰辛攀登这冰雪覆盖的勃朗峰呢？

原来这是由微生物学家巴斯德先生率领的一支特殊的登山队，他们此行的目的是要完成一项重要的使命。还是让我们从生命的起源说起吧。

谈到生命的起源，这可是个十分古老而有趣的问题。很早以前人类的祖先就开始思考这个问题，可是坦率地讲，直到今天这个问题也不能算是完全解决了。最早人们认为生命是神或上帝创造的，随着人类科学知识的日益丰富，今天相信这种说法的人不是很多。有不少人相信另一种学说，其中甚至包括古代的一些大哲学家、大科学家，像古希腊的大哲学家亚里士多德、现代力学的创始人牛顿等，相信生命能

"自然发生"，这种学说认为自然界的所有生命可以从非生物"自然发生"。我国古代有一句很有名的话叫"腐草生萤"，说从腐烂的杂草中可以生出萤火虫来。相信生命可以"自然发生"的人还能举出许多荒唐可笑的例子加以证明，比如，虱子跳蚤是从不清洁的衣物中产生的，蚊子等害虫是从污秽肮脏的死水中产生的，虫蚁和老鼠是从垃圾中产生的，而蛆蝇、蛾子和野鸟则是由粪便和腐尸中产生的：这种学说一直到17世纪依然很兴盛，甚至当时有位叫万·海尔蒙特的化学家告诉别人说，他有一个能自然长出老鼠的秘方，把一块脏布头和一块干酪或几粒小麦塞进一个瓶子里，然后放进暗柜，不久，就会自然长出小老鼠来。

其实，许多学者并不相信这些人的无稽之谈：17世纪就有位叫雷迪的意大利医生勇敢地带头向"自然发生说"宣战。他知道"自然发生说"的拥护者们是不会轻易缴械投降的，必须用实验加以证明。于是他便用了许多动物来做实验。他将能收集到的鸡、鸭、牛、鹿、狮、虎、羊、燕子、蛇等动物的肉分别放进不同的容器里，一组加纱网防蝇，另一组则不加纱网，结果凡加罩的肉即使放到肉烂都不会生蛆，而没有罩防护的肉，则都生了蛆。雷迪兴奋地向人们宣布，腐肉绝不可能"自然产生"蝇蛆，产生蝇蛆的物质是由苍蝇本身所带来的。不少人又重复了他的实验，结果是完全相同的。在事实面前，生物"自然发生学说"第一次在人们心目中发生了动摇。

自然科学发展的历史常常是迂回曲折前进的。19世纪人类发现了微生物，微生物的发现是人类科学史上的一件大事。可随着微生物的发现，拥护生物"自然发生说"的那些人似乎又找到了说理的根据，他们辩解说，就算是腐肉不能自然生出苍蝇，但那些使肉腐败的人们用肉眼无法看到的微生物又是从哪来的呢？它们总该是"自然发生"的吧！

这种问题让今天的学者来解答并不很困难，可在当时来讲，说清而且要证明其中的道理的确不是件容易的事。这就向当时科学界的学术权威们发出了挑战。这天，巴斯德的一位老朋友为此事专程来到他的寓所，劝他不要鲁莽行事，放弃寻找微生物实验的念头，否则会身败名裂。巴斯德淡淡地一笑说："我想要试一试。"谈话不欢而散。

巴斯德并非不知道解决这个问题的艰难，可长期的科学实践已经使他深信，生物"自然发生"的事情是绝不可能出现的。那么使肉腐败的微生物又是来自何方呢？

巴斯德有一个习惯，凡是思考一个问题，常常茶不思，饭不想，一定要想出个眉目来方肯罢休。多年来，巴斯德太太最了解自己的丈夫，孩子们也都知道这一点，在这种时候，从不去打扰他。巴斯德坐在窗前，陷入了深深的沉思之中。'他想，在不少场合很像是"自然发生"的微生物，既然没有别的来源，会不会来自看似一无所有的空气呢？对，很有可能就是空气。巴斯德心中一动，猛然从座椅上站了起来。

19世纪的欧洲学术界有一条不成文的惯例，持不同观点的科学家可以像古代两军对垒一样，互递战书，约定日期，公开辩论。当时，拥护"自然发生说"的人中，有位名叫布歇的科学家在1858年12月正式向法国科学院提交了一份报告，认为放在空气中的动物与植物都能自己长出微生物来，公开向巴斯德宣战。而巴斯德则明确指出："不管是甜菜汁，或是一般动物或植物中的微生物，都是来自自然界的空气，而不是自然发生的。"于是两人的论战拉开了序幕。巴斯德心中十分清楚，学术上的争论，仅仅靠假设是不行的，要驳倒布歇，理由还不充足，必须用实验事实作依据。于是巴斯德开始动脑筋准备这方面的实验。

巴斯德回到了自己的实验室，他用棉花来过滤空气，让空气从棉花中通过，再将沉积在棉花中的尘埃颗粒漂洗下来，放到显微镜下观察，和他所预料的一样，漂洗液中除尘埃颗粒以外，还有各种各样的微生物。

第一步的成功使巴斯德异常兴奋，他的实验在继续进行。他用鲜肉汤作实验材料，这是做生物实验时常用的培养液。肉汤营养丰富，在空气中放置一段时间，在适宜的温度下，就会有微生物在汤中大量繁殖。他将肉汤放入瓶中，煮开后，再把瓶口用棉花塞住。这样由于高温能将原来汤中的微生物杀死，而空气中的微生物又被棉花挡在外面无法进入瓶中，所以肉汤摆放了几天也没有变味，也就是说肉汤中没有微生物生长。

巴斯德的对手布歇也在密切关注着他的实验进展。布歇得知实验结果后轻蔑地对别人说，巴斯德先生的实验设计并不严格，肉汤中的微生物是由棉花变成的，而并不是由空气中的敷生物生长出来的。

为了驳倒布歇，巴斯德又进行了一次与上一次相同的实验，只不过这一次把棉花换成了石棉。石棉是一种纤维状的矿物，是无生命的。试验的结果与用棉花一样，巴斯德又一次获得了胜利。

可布歇并不服气，又改口说，微生物不是由棉花变的，而是从肉汤中自己长出来的。

这回巴斯德什么也没说，他这次干脆什么瓶塞也不用了，而是先把肉汤烧开，再把瓶口放在火上去烧，最后把瓶口用蜡密封起来，经过这种高温消毒密封处理过的肉汤，自然能放置更长的时间。

但善于狡辩的布歇还有话说，他告诉别人，是因为巴斯德把瓶口封死了，瓶口的微生物得不到空气，所以才长不出来的。

显然，巴斯德遇到了一个善于狡辩的对手，怎样才能使对手，以至整个学术界相信自己呢？这一夜巴斯德又彻夜未眠，他在苦苦地思考着一个新的实验设计方案。天将拂晓，一个完整的方案在他的脑海中形成了。

记得小的时候，巴斯德常和小伙伴们到父亲上班的工厂玩耍，有时也会长时期地看大人们干活。父亲和工人们能用灵巧的双手，将不同颜色的皮料，制作成一双双漂亮的鞋子来。渐渐地小巴斯德对动手制作东西越来越感兴趣，他用碎皮革拼接成不同的形状，用木板制成能游动的小船，他的作品常常得到父亲和叔叔们的夸奖。

巴斯德这一幼年的爱好培养了他良好的动手能力。大学毕业以后，他曾在第戎大学做物理学教授，后来又到当时有名的斯特拉斯堡大学教授化学。工作之余，他除了想方设法去听有名的化学教授讲课，不断充实提高自己以外，他自己还学习技工活，甚至学会了怎样吹玻璃瓶子，此时的巴斯德已不再把做这些事单纯地作为一种兴趣爱好了，他要为自己将来的远大理想做准备。他从小的理想是做一名物理学家和化学家，而做化学实验许多情况下需要自己亲自动手制作一些特殊的异型设备。

此时多年前掌握的手艺终于有了用武之地，经过深思熟虑，巴斯德设计出一种新型的曲颈瓶图纸，经过进一步修改以后，他开始了实际制作。他取来一个普通做实验用的长颈瓶，将瓶口在火焰上烧软后，再拉长拉细，最后弯曲成一个特殊的类似大写英文字母U字的形状．这样就制成了以后人们常说的"巴斯德曲颈瓶"。从外表看这种曲颈瓶似乎很简单，并没有什么惊人之处，可仔细观察后才发现的确与众不同，它的巧妙的设计，令后世微生物学家、医学家们大为折服。人们对其赞不绝口，有位美国作家这样描写"巴斯德曲颈瓶"，说它像只"天鹅在水中啄食时弯着的头颈"。

那么这种曲颈瓶究竟有什么巧妙之处呢？原来巴斯德将这种装有培养液的曲颈瓶煮沸消毒，虽然曲颈瓶的开口并未封闭，瓶内外的空气是相通的，可在曲颈瓶消毒加热时，不仅杀灭了原有的微生物，而且瓶颈中的灰尘微生物也被膨胀的空气排出了。等瓶中的培养液冷却后，空气体积收缩变小，外部的含有微生物的空气此时则又可进入瓶中，但由于瓶身与细长的瓶颈之间不是笔直的，有一个弯曲度，而空气中的微生物也有一定的重量，当它们经过曲颈瓶的凹下处时都沉降下了，进不到瓶内，这样存放于曲颈瓶中的培养液就能长期不变质。有趣的是实验者只要将曲颈瓶一倾斜，使培养液与沉落在"U"字形瓶颈中的尘埃颗粒一接触，培养液内很快就会长满微生物。

巴斯德的实验使更多的人相信，微生物只能由它的前代微生物产生，而绝不能"自然发生"。可布歇等人还不认输，他们说，巴斯德加温消毒时，培养液中的微生物都给煮死了，失去了自身的"生命力"，所以无法繁殖后代。

看来，巴斯德还须用自己更严谨的实验来击败对方，于是在通往阿尔卑斯山主峰勃朗峰陡峭的山路上，就发生了本文开头出现的一幕。他的这支特殊的科学考察队登上了主峰，并在峰顶安营扎寨，紧张的实验又开始了。他们将事先用小的曲颈瓶照前面的方法做好的一瓶瓶封死的肉汤拿了出来，细心地把瓶颈夹破，让空气进入瓶中，然后观察瓶中的变化。几天过去了，巴斯德将这批培养液放在显微镜下观察，发现没有微生物繁殖。他们又在阿尔卑斯山脚下做了相同的实验，这次结果截然不同，很快培养液中就布满了大量的微生物。实验结果与巴斯德事先预料的完全相同。

　　巴斯德的实验还在继续，这次实验的地点是在巴黎的天文台。他把做实验用的曲颈瓶分成两组，其中的11瓶拿到了院中的展览大厅，小心地将瓶颈夹破，暴露在空气中。另外取出的10瓶，用同样的方法处理后，放人了巴黎天文台的地下室。一段时间过后发现，展览大厅存放的11瓶内，全部有微生物生长，而放人地下室的一组的10瓶内，仅有一瓶稍有混浊，其余9瓶都没有微生物生长。

　　经过这么多次的实验，巴斯德终于使人们明白了这样一个道理，培养液中的微生物是由空气中落进去的，而不是"自然发生"的。在观众较多的巴黎天文台大厅，空气中存有较多的微生物；而僻静的地下室内则很少有人进去，所以空气中微生物自然要少得多；在人迹罕至的阿尔卑斯山脉主峰上，空气中微生物会更少；相比之下，山下的温度、湿度环境，有利于空气中微生物的繁殖。

在人类历史上，一种科学理论的最终建立，常常要经过几代科学家的艰苦努力，巴斯德几乎用了20年的时间来探讨微生物问题。他坚信他的认识是正确的，为此他做了大量的实验，积累了许多有价值的数据和资料。终于，决战这一天来到了，对手自然是那位曾和巴斯德交锋多次的大名鼎鼎的著名生物学家布歇。经过多次较量，布歇等人仍不服气，这次是他们主动提出挑战，要求巴斯德在当时的法国科学研究院作公开实验演示，接受权威科学家们监督和验证。当然，此时的巴斯德已是胸有成竹，他勇敢地接受了挑战。

　　这天，法国科学研究院庄严的学术演讲大厅内，座无虚席。前排就座的都是法国当时一流的科学家，许多与会者专程从法国和欧洲各地赶来，人们要亲眼目睹两位著名科学家的唇枪舌剑的较量。上午9时整，会议主席宣布会议正式开始。巴斯德来到台上，准确无误地完成了他的演示实验，他的演示博得了人们一阵阵热烈的掌声。遗憾的是，此次那位布歇教授却没有出席，或许是由于怯场的缘故吧。

　　人类对自然现象的认识总是无止境的，巴斯德经过了20年的努力，"自然发生说"终于在学术界销声匿迹了，可人们对一些问题的探索并没有结束。比如，一些学者认为，当时生物学家布歇与巴斯德较量时的"怯场"是不必要的，因为后来证明，就当时两人所做的实验来说，恰好都是正确的。因为布歇所使用的细菌培养液中，不但含有细菌，而且还含有微生物"芽孢"，是一种干草浸出液。所以在实验中即使采用曲颈瓶高温煮沸消毒，也只能杀死细菌，却不能完全杀死芽孢，而那些生命力极强的芽孢又会产生出细菌来。那么，人类对芽孢又怎么办呢？又经过了几十年，一位叫廷德尔的英国物理学家最终解决了这个问题。

或许人们会认为，19世纪以巴斯德为代表的科学家们击败了鼓吹生物"自然发生"的那些人，从此解决了微生物的起源问题。其实，从哲学角度讲，直到今日，这个问题还没有真正完全解决。人类一直在努力地探讨地球上最早的微生物、细胞、生物的起源问题，提出各种各样的学说。通常认为，在地球的最初形成阶段，存在有一种由碳、氢、氧三种元素组成的简单的"生命原汤"。地球上最早的简单的生物体就是在这种"生命原汤"中孕育发展起来的，逐渐形成了今天地球上千姿百态的生物世界。

给蚕诊病

　　人类很早就有了疾病"传染"的概念，可疾病究竟是怎样传染人的，谁也说不清楚。前面已经说过，17世纪荷兰人列文虎克用自制的显微镜首先发现了一些可疑的"小动物"，也就是以后人们所称的微生物；可当时这位荷兰科学家并不知道这些"小动物"与人类疾病之间有什么关系。在现代微生物学说出现以前，产褥热是一种严重威胁产妇生命的疾病，不知有多少产妇被这种疾病夺去了宝贵的生命。巴斯德第一次提出，是医生和护理人员把致病细菌从病妇身上传给了健康的产妇。他还用实验证明了微生物与疾病的关系，在世界医学发展史上，建立了具有重大意义的"微生物致病学说"。

巴斯德用他的微生物致病学说为人类解决了许多问题，除了医学以外，如前所述，他还研究过酒的发酵，提出了著名的"巴氏消毒法"，为法国酿酒工业创造了巨额财富。另外，他对法国养蚕业的发展，也作出了重要的贡献。这一点是下面要介绍的。

19世纪中叶，法国的养蚕业异常兴旺，养蚕业的发达促进了法国丝绸业的迅速发展，名贵的法国丝绸装上轮船，漂洋过海，销往世界各地，给法国政府和丝绸商人带来了滚滚财源。俗话说，"天有不测风云"，谁曾想，一场巨大的灾难正向法国养蚕业袭来。

这天，巴斯德为做实验又熬了个通宵，实验结束时，天已渐渐发亮。他刚想躺下打个盹儿，突然传来一阵急促的敲门声，邮差送来了一封急件，巴斯德赶忙打开一看，信是巴斯德上大学时的老师写来的。

他告诉巴斯德：眼下在法国的养蚕区，正蔓延着一种可怕的蚕病，生病的蚕，不吃桑叶，不吐丝，不作茧，浑身起棕黑色的小斑点，很快便大批大批地死亡。为了这种奇怪的蚕病，法国政府有关部门已调集了全国当时最有名的研究桑蚕业的专家，来寻求解决的办法，可直至今日，仍无法控制蚕病的蔓延。他知道巴斯德是位研究微生物的专家，于是向法国政府举荐巴斯德参与此事，并恳求巴斯德，为了国家的利益，一定要全力以赴。

读完了信，巴斯德的心情非常沉重，他从心底感激老师的信任，可直到此时，他对养蚕可以说一无所知，甚至还没有见到过一条蚕呢。但为了神圣的法兰西祖国，为了拯救处于危难之中的法国蚕丝业，没有别的选择，他义无反顾地接受了这项艰难的任务。

巴斯德立即投入到了研究蚕病的工作中去。他找来了大量和养蚕有关的资料和书籍阅读，边学边干，对蚕的孵化、结茧、产卵等进行了连续的系统的观察，很快掌握了许多有关蚕的知识。他还来到了法国南方的养蚕区，作实地考察，了解病蚕的情况。

对于巴斯德的到来，许多人表示怀疑，他们觉得，养蚕是一门实际操作的技能，不需要什么理论，巴斯德毕竟没有养过一天蚕，难道他真有什么回天之术，能拯救法国的养蚕业？巴斯德又是怎么想的呢？他很理解人们的心情，他知道，只有用事实才能使大家相信自己的能力，他更加发奋地工作。

巴斯德相信，任何一种传染病的背后都会有一种病原微生物在起作用，不管是人所患的疾病还是动物所患的疾病；而且只要有病原微生物的存在，人们就一定能够找到它。这次他同样想借助于显微镜的帮助，来发现使蚕生病的元凶。

巴斯德通过显微镜仔细地观察起来，他把蚕的一部分放到显微镜下察看，果然发现了一些棕色的小颗粒状的东西，"原来是这些小家伙们在捣鬼"。巴斯德心中非常高兴。于是他把他的发现告诉了那些养蚕的人，并教会他们使用显微镜来鉴别正常的蚕卵和患病的蚕卵，把它们分开，以避免相互传染。

蚕农们严格地按照巴斯德所教的去做，满怀希望等待着喜讯的降临，可结果仍然和以前一样，蚕还是大批地死亡，甚至比第一年损失还大。蚕农们的心开始凉了，他们对巴斯德先生新渐失去了信心。

此时已近深秋，空气中透出了阵阵寒意。晚饭后，巴斯德独自一人在寓所旁的小树林中散步。这些天他心绪一直不好，满脑子想的都是蚕，是啊，研究这奇怪的蚕病差不多已有四五年的时间了，可至今仍无突破性的进展。他仿佛又看见了那一片片死去的白蚕和蚕农们那一张张企盼他成功的面孔。应该说，这些年巴斯德为研究蚕病已付出了巨大的劳动，不知为此熬过了多少个不眠之夜，可距离成功究竟还有多远呢？这是谁都难以预料的。忽然，他想起了读大学时老师常讲的一句话，科学研究不只是需要知识和勇气，更需要毅力和耐心。许多时候，距离成功的目标也就只有一步之遥。想到这里，巴斯德心头一振。他想："也许研究工作中还有些细节没有考虑周全，留下了某些漏洞。"他将实验细节又从头到尾仔细想了一遍。

这次，他改变了方法，将整条病蚕弄来，磨成浆汁，然后取出一滴放在显微镜下观察。他看到的仍是一个个棕色的小颗粒，和他以前观察蚕时发现的一样。他又取来多条蚕作连续对比观察，终于发现了问题。原来当时法国养蚕业所传染的蚕病，也就是人们常说的蚕的微粒子病，是由一种特殊的微生物感染所致。起初巴斯德只是取出蚕的一部分放在显微镜下观察，发现棕色小颗粒的，就烧毁蚕蛾和蚕卵，谁曾料到，这些病原微生物繁殖的速度是如此的惊人，许多外表看上去健康的蚕，实际上已感染了疾病，自然它们繁殖的也都是有病的蚕卵。后来，巴斯德改变了做法，在确定蚕卵是否健康前，他把所有蚕一条条磨成浆汁，逐个放在显微镜下检验，一旦发现有微生物感染的迹象，就将蚕蛾、蚕卵全部烧毁，这样经过严格的筛选就可以使健康的蚕不再生病，避免了相互传染。

经过了长达6年的艰苦的研究工作，巴斯德终于向世人证实，微生物是导致蚕患微粒子病的真正元凶，并采取了一些科学可行的处理措施。人们感激地说，是巴斯德将法国的养蚕和丝绸业从濒临灭绝的危难中解救了出来，为法国带来了巨大的财富。

正当巴斯德这位科学巨人向他事业的顶峰攀登的时候，一连串的不幸向他袭来。就在巴斯德专心致力于蚕病研究期间，他收到了父亲去世的家信。信是母亲写的，她告诉巴斯德，父亲在临终前的最后一刻，还在念着巴斯德的名字，他多么希望能再见上儿子一面。读完了信，巴斯德的泪水夺眶而出，极度悲痛。父亲的去世是巴斯德一生中经受的一次重大的精神打击，他之后常和家人和朋友讲，他平生最大的憾事是没能见到父亲最后一面，尽一个儿子的孝心。人们常说，严父慈母，可在巴斯德的记忆中，父亲总是那样的慈祥和蔼，很少对孩子们发脾气。在兄弟姐妹中，巴斯德最小，是父亲最疼爱的一个。他自小就是在这种温暖和谐的家庭环境中长大的。小时候，家境很穷，全家人的生活仅仅依靠父亲一人的工资收入来维持，可父亲为了孩子们的将来，总是千方百计地让他们受教育。他永远忘不了父亲第一次送他到镇上上小学时的情景，以后在学习中遇到困难时，又是父亲更多地给予他鼓励和帮助，是父母节衣缩食送他走上了去巴黎的求学之路。每想到这一切，巴斯德的心情便久久不能平静，有时，他真想让时光倒流，让自己重新回到那和父亲在一起的美好的童年时代。

初冬的一个早晨，巴斯德陪伴着年迈的母亲来到了父亲的墓地。父亲去世已经一周年了，此次巴斯德是专程赶回故乡为父亲扫墓的。天空阴沉沉的，巴斯德给墓碑培了培土，并将自己和妻子孩子们精心制作的一束白花放在了碑前，然后深深地向父亲的墓碑鞠了一躬。他在忏悔，他在向父亲作最后的告别。

父亲死后，巴斯德情绪一直很低落，几乎整天把自己关在实验室里，可此时，又发生了一件意想不到的事。

巴斯德很喜欢孩子，他常说，和孩子们在一起就是他最好的休息。结婚一年后，他们第一个女儿降生了。他和妻子给孩子取名叫安娜。小安娜活泼可爱，孩子的降生给他们的家庭生活增添了不少乐趣。转眼之间，安娜已经6岁，太太又要生第二个孩子了。这次也是个女孩，小宝贝长着一双蓝蓝的大眼睛，黄色的头发，翘翘的鼻子，可爱的小嘴。望着这孩子的小模样，巴斯德夫妇甭提多高兴了。他们视两个女儿为掌上明珠，尤其对小女儿丽莎，更是疼爱有加，每天从实验室回来，总要抱着两个宝贝女儿亲上一亲。

小丽莎也快两岁了，和姐姐一样，长得聪明可爱，喜欢搂着父亲的脖子问这问那。这天巴斯德回到家中，发现妻子脸上露出一种焦躁不安的神情，原来小丽莎生病了，她额头滚烫，小脸通红，双眼紧闭躺在床上。丽莎被送进了医院，医生诊断是肺炎。当今的医学对于肺炎已有许多有效的治疗办法，临床上真正因为肺炎而死亡者已经微乎其微了。可在抗生素还没有出现的一百多年前，肺炎却是一个凶狠的杀手，每年不知有多少人，特别婴幼儿因患肺炎而丧生。小丽莎终归未能逃脱劫难，几天以后默默地离开了人世。

巴斯德悲痛不已，抱着死去的爱女失声痛哭。这个坚强的学者简直无法承受这巨大打击，他发誓，一定要发明出特效药来拯救世界上所有患肺炎的孩子。

长期的过度劳累加上近期两次意外的重大精神打击，使巴斯德身心极度疲惫，他终于病倒了。一天清晨，忙碌了一夜的巴斯德拖着疲倦不堪的身体回到家中，吃完早餐后，他准备躺下休息一会儿，上午还要出席一个学术会议。突然他感到一阵异样的难受，半边面部发麻，渐渐一边肢体不听使唤，失去了正常的感觉。他想站，可已经站不起来了，最后瘫坐在椅子上。响声惊动了太太，她急忙跑进卧室，看到丈夫这副样子，真把她惊呆了，一时间竟不知如何是好。

人们将不省人事的巴斯德送进了医院。医生给他做了全面的检查，最后的诊断是脑出血。脑出血，就是中医所指的"中风"，是中老年人的一种常见病。今天人们治疗脑出血，已有了许多有效的疗法，可在当时，医生们对于此病是束手无策的，主要依靠患者自然恢复。

幸亏巴斯德此次病得还不重，几天以后，巴斯德逐渐恢复了知觉，慢慢地睁开了双眼，他疑惑不解地望着太太和朋友们，努力回想着所发生的一切。"我怎么躺在医院里，究竟发生了什么事？"

看着丈夫终于醒了过来，巴斯德太太紧张了几天的神经才稍微放松了些。她向丈夫讲述了两天前发生的事情。

天渐渐黑了下来。朋友们逐渐离去，病房里只剩下巴斯德和妻子两个人，此时巴斯德的心情异常复杂，他虽然不是学医学专业的，可这些年来，因研究工作的需要，他已经读了不少医学书籍，懂得了不少医学知识，他心里十分清楚，患脑出血在当时对一个人意味着什么。巴斯德是位刚强的硬汉子，他从不惧怕死，更不惧怕生病，他不止一次地与死神打过交道。他所担心的是未完成的研究工作，许多实验正等着他去完成，他怎能不着急。"抗争，一定要与病魔抗争。"巴斯德暗暗下定了决心。

此次生病使巴斯德在床上躺了差不多一个月的时间，幸好脑出血病没有给他的思维和语言表达留下麻烦。病情稍一稳定，巴斯德就开始实施他的康复计划，他试着下地行走，起初，太太搀扶着他，终于他自己拄着拐杖也能走了。这天他竟自己走回了实验室，重新坐到了显微镜前。看到他恢复得如此快，朋友们连声说，"真是上帝创造的奇迹"。

其实，只有巴斯德太太心里最清楚，是一种崇高的信念在激励着巴斯德与病魔作斗争。几个月后，巴斯德凭借自己惊人的毅力返回了实验室，重新开始了研究工作。

巴斯德生病这年，正当46岁盛年之时。这场劫难给他留下了一条跛脚和一只不听使唤的手臂，可他就是用这样一副手足，克服了常人难以想象的困难，为人类崇高的医学事业又继续奋斗了二十余年，创造出了更加辉煌的业绩。

浦列里堡农场的试验

　　近几十年来，现代医学发生了突飞猛进的进步，取得了许多了不起的成就。今天在一些现代化的医院里，人们不仅可以进行各种现代化检查，如应用CT（计算机断层扫描）、核磁共振、彩色超声诊断等仪器，来发现人体内一些微小的病灶，而且还可以做许多复杂的手术，如心脏移植、显微外科手术等。据科学家们预测，到了21世纪，人类将使用基因方法来彻底根治人体内的许多疾病。

说起现代医学的产生和发展，也才是近一百多年内的事，而人类医学的发展却经历了艰难而漫长的路程。在欧洲的中世纪，甚至在巴斯德出生后的头几十年，医学还是相当落后的。

　　现代人很难想象，欧洲中世纪时的外科医生是理发匠兼任的，当时外科学还没有成为一门真正的学科，开胸剖腹的大手术还是神话，人们只是做一些脓肿切开、伤口包扎之类的小手术：在那时的医院里，医生做手术时，由于没有麻药，操作方法落后，只能用烧红的烙铁去烧灼伤口，常可听到病人哀号求饶的惨叫声，这情景令人惨不忍睹。医生为什么要用烧红的烙铁去烧灼伤口呢？原来，那时的外科医生受一种错误想法支配，认为被枪弹击中的伤口都是有毒的，因此必须用烙铁烧灼，而且还要用烧沸的油剂和蜜糖浇注，这样才能“除毒”。这种荒唐可笑的做法一直延用到16世纪中期，一位名叫巴累的法国军医在实践中发现了这种烙铁烧灼法的错误后，才抛弃这种做法。

在中世纪的欧洲，内科学同样是很落后的，医生们对许多疾病不了解或者根本不认识。在诊断疾病时，他们各持己见，对于一些疑难病症，长时间争执不下，甚至发展到两方必须决斗，才能分出胜负的地步。据说，18世纪在牙买加有两位医生同被邀请为一个病人诊病，一位医生叫约翰·威廉，另一位叫派克·本涅特。按照当时的说法，病人患的是胆热病，两个人在诊断治疗原则上发生了分歧，激烈地争吵起来，最后竟决定次日刀枪相见，以决斗的形式了结此事。结果第二天两人均死在对方的枪剑之下。

当时不少医生不学无术，千方百计地榨取病人的钱财，他们荒唐可笑的治疗技术，不知害了多少病人的性命，有时也害了他们自己。中世纪时有位医生名叫约翰·布朗，他有一种奇怪的理论：认为人体是处在一种兴奋平衡状态的，人体之所以生病是因为兴奋太多或太少的缘故。他的治疗方法也与众不同，一旦病人被他"确诊"以后，如果属兴奋太多，他就让你用鸦片去抑制，如果是兴奋太少，就要用酒精去激发。

此次轮到他生病了，他仍坚信自己疗法的灵验。起初，认为自己是兴奋不够，于是他就大量喝酒来增加兴奋，可后来发现自己酒喝得太多了，属兴奋过度，就又赶紧吃鸦片，这样治疗之后，终于命归黄泉。当然，这仅仅是一则无从考证的传闻而已，但也从一个侧面反映出当时欧洲医学的落后。

前面已经提到，在古代不仅仅是欧洲，在世界各地传染病都是相当猖獗的。英格兰女王安妮，一生生过17个孩子，有16个夭折在婴儿时期，仅剩下的一个也只活到了12岁。传染病成为人类尤其是母亲和儿童的大敌。当时人们不知道鼠疫、霍乱、伤寒等可怕的疾病是什么原因引起和传播的，自然更不知道怎样去治疗和预防。

巴斯德是第一位把微生物和传染病联系在一起的学者，而且他一直在思考着寻找一种预防和治疗传染病的方法。

巴斯德首先是从研究炭疽病开始的。炭疽病是一种由炭疽杆菌引起的急性传染病。人患炭疽病是因接触了病畜的皮毛，吸入带病菌（芽孢型）的尘埃，或进食未煮熟的病畜肉类而感染所致。临床上以皮肤炭疽最为常见，其他如肺、肠和脑膜炭疽则较少见。今天人类治疗炭疽病已有了一些特效的方法，如青霉素、金霉素等抗生素对治疗皮肤炭疽有特效。当然，在19世纪巴斯德研究炭疽病以前，人们对炭疽病的了解还很少，当然就谈不上预防和治疗了。

19世纪，法国的畜牧业已很发达，在法国北部的巴黎盆地，有着大片肥沃茂盛的草场，放养着大批的牛羊牲畜，给人们提供了丰富的肉类和乳制品。然而不幸的是，历史上曾多次在牛羊中流行一种可怕的传染病，也就是炭疽病。每次流行都使大批牲畜死亡，农场主为此蒙受了巨大的经济损失。他们也曾想方设法研究控制炭疽病的流行，可收效甚微。

1879年，一场规模更大的炭疽病袭击了法国北部的牧场，牧民们恐慌极了。法国政府负责农牧业的官员闻讯后连夜调集法国有关的畜牧业专家商议对策。

4月的一天，一辆马车在通往法国北部牧区的道路上急驶，车上坐着巴斯德和他的两个助手。春天的景色是迷人的，路旁的田野里散发着沁人肺腑的野花的芳香，可他们此时似乎没有心思顾及窗外的一切。从昨晚邮差送来的急件中，巴斯德已知道了事情的严重性。此次因炭疽病流行造成牛羊大批死亡而导致的经济损失估计已达2000万法郎，这对当时法国的畜牧业来说，真可称得上是灭顶之灾了。作为一名微生物学家，他深感此行责任重大。

傍晚，马车在一片农舍前停下，这里是控制疫情蔓延而临时组建的急救中心所在地。下了马车，巴斯德不顾旅途的疲劳，立即投入了紧张的工作。

这两天来，他一直在思考着一个问题，是什么原因造成在如此短的时间内大批牲畜迅速死亡呢？毫无疑问，肯定是传染病，因为只有传染有如此的魔力。巴斯德想，既然是一种传染病，背后肯定有一种病原微生物在起作用，要想办法发现这种病原微生物并消灭它。

第二天早饭后，巴斯德收到了急救中心印发的有关炭疽病流行的工作简报。上面称，有关研究人员已在死于炭疽病的牛羊的血液中发现了一种微生物。看完以后，巴斯德兴奋极了，同行们的工作已证实了他的想法是对的，现在需要的是将研究工作深入下去。他马上和助手们一起，从病畜身上采血，然后再分别注射给健康动物，健康动物很快就发病死亡，而且出现了与病畜相同的症状，这进一步证实了牛羊等牲畜所患炭疽病是由病原微生物引发的。

在同来工作的专家中，有一位法国皇家学院的教授，此人是专门研究生物学的，他不同意巴斯德提出的微生物学说。在一次论证会上，他站出来对巴斯德的观点提出质疑。

"尊敬的巴斯德先生，您所讲的微生物致病学说并不能使大家信服，因为在显微镜下看到它的毕竟是极个别的动物。况且，即使您所说的这种微生物存在，也未必能使大批牛羊生病死亡。"他停顿了一下，用一种无可辩驳的语气说："我以为，动物致死的真正原因，并不是病畜血液中有什么微生物，而是其中某种未知的毒素，它们才是造成牛羊大批死亡的真正凶手。"

论证会上异常的安静。人们在思考，或许他话真有道理，有谁能真正证实微生物能导致疾病呢？的确，在巴斯德的年代，用于医学研究的显微镜还是如此的原始，各种实验方法又是那样的落后，谁又能说得准呢？

巴斯德坐在那里，一言不发，静静地听着，他在想着一个新的实验方案。

会议结束后第二天，巴斯德就和助手们开始了此项实验的准备工作。他先从患炭疽病死亡的羊体内，取出一滴血液，放入50毫升培养液中进行培养，不久，培养液中的细菌开始大量繁殖。第二次又从第一瓶含菌的培养液中取出一滴，同样也放入50毫升培养液中，如此重复进行了100次。他在第100次的培养液做了一个特殊的记号。

这天晚饭后，有关人士向人们宣布，次日上午巴斯德先生将把一项特殊的实验结果公布于众。人们在想，难道巴斯德先生又有了什么重大发现？

第二天一大清早，大家便来到临时布置的演讲厅。上午9点，组织者宣布演讲正式开始。巴斯德走上讲台，他手里除了讲稿外，还提了满满一箱做实验用的瓶子，瓶子上涂写着不同颜色的符号。他环视了一眼台下的听众，开始了演讲。

"尊敬的诸位同行，上次法国皇家学院的一位教授对我的微生物致病学说提出了质疑。他认为小小的微生物没有如此的力量能使成千上万头牛羊牲畜生病死亡，造成牛羊死亡的真正原因是牲畜体内有一种'毒素'在起作用。他的话似乎有一定道理，因为在目前的条件下，人们还无法用显微镜看到微生物传染的整个过程，一切还是假说、是推测。"

他停顿了一下，会场里异常的安静。他接着说下去。

"可我能证明造成牛羊死亡的原因不是毒素。"他把箱子放在桌子上。

"我们把一滴从病死的羊体内抽出的血液放入

培养液中，培养液的容积是50毫升，使'毒素'稀释，经过一段时间后再将第一个瓶中的'毒素'取出一滴放入第二个瓶中稀释，瓶内培养液的成分和容积与第一瓶相同。这样重复实验100次。"他指着一个涂有红颜色标记的瓶子告诉大家，"这里装的是稀释了100次的病畜血液。如果血液中真像那位先生所说含有某种'毒素'的话，那么，经过了这么多次的稀释，浓度含量已微乎其微，不会再有什么毒性了。可事实上，我们将这个瓶中的培养液注射给健康羊，仍可使它迅速死亡。"

与会者中一阵躁动。巴斯德稍微提高了嗓音：

"这说明真正的炭疽病传播者，仍然是病原微生物。每次稀释后，它们还会迅速大量繁殖。"

巴斯德严密的实验设计，无可辩驳的推论，引起与会者阵阵热烈的掌声。

炭疽病的病因找到了，可还没有找到控制炭疽病流行的方法，巴斯德正在为此动脑筋。一天，有人告诉巴斯德，来了一位自称能治炭疽病的兽医，这兽医的方法与众不同。他把患病牛羊的全身擦热，在牲畜身上切开几道长口子，然后再用肥料和用醋调制成的罨料厚厚地涂敷在病畜的全身，只留下嘴和鼻子。听完了别人的介绍以后，巴斯德轻蔑地一笑，对于这些骗人的庸医，他向来是要彻底揭露的。

巴斯德给四头健康的母牛分别注射了一定剂量的炭疽杆菌培养材料，这四头牛很快便出现了炭疽病的症状。他让人请来了那位兽医。叫他给其中的两头做"治疗"，另两头则不治，作为对照。结果，治疗的两头一只死去，一只有轻微症状，没被治疗的也是一死一生，完全一样。从此以后，那位兽医再也不敢来此地招摇撞骗了。

人们说，科学家有一种常人所不及的品质，他们不仅有一种顽强的意志，而且有一种敏锐的洞察力，巴斯德正是一个具有这种品质的人。巴斯德利用活下来的那两头母牛继续做他的实验。他重新给两头牛注射了大剂量的炭疽杆菌培养材料，出人意料，这次连轻微的症状也没有。为什么会这样呢？巴斯德百思不得其解。

夜已经很深了，巴斯德房间里的灯光依然还亮着，他还在出神地思考着白天的实验。太太轻轻地走过来，将一杯热咖啡放在了桌子上。巴斯德转过身，对妻子笑了笑。他脸上带着一种疲倦的神态，两只眼睛中布满了血丝。此时太太的心里难过极了，她真想让丈夫放下手边的工作，安安稳稳地睡上几夜，可有什么办法呢？多年来，巴斯德总是把工作看得重于一切。

终于，巴斯德这位天才的科学家从母牛两次注射大剂量炭疽杆菌的事实中悟出了一条重要的科学设想，或许动物在得过炭疽病而恢复后，就会获得对炭疽病的抵抗力。

这是一个了不起的发现，经过巴斯德以后的艰苦努力，他为人类医学开创了一门具有划时代意义的新的学科——免疫学。

巴斯德的实验在继续进行，此时他已经有了一套观察、鉴定、培养病菌的比较成熟的方法。他把一些很稀薄的炭疽杆菌培养液给羊群注射，观察它们的变化，结果，这些羊只是有些不大舒服，2—3天以后就恢复了正常。以后重复注射炭疽杆菌溶液，羊群也不再出现任何炭疽病的症状。巴斯德的设想再一次得到了证实。

今天的人很难想象，在巴斯德生活的19世纪，人们对现代医学的进步是持怎样的一种怀疑、反对的态度，对巴斯德创立的免疫学说，自然也不例外。当时人们都嘲笑巴斯德，认为他所说的那种用种痘来预防牛羊患炭疽病的方法，像天方夜谭一样不可信。

19世纪在法国有一本发行量很大的刊物叫《兽医杂志》，在全国很有影响，编辑部有一位编辑叫洛辛约尔，此人生性高傲，对出现的一些新事物常常持否定态度。当他听说巴斯德发明了一种预防接种的技术来控制炭疽病流行时，不以为然地说："这是绝对不可能的，我敢和任何人打赌。"他的口气充满了自信。

那些对巴斯德免疫接种方法表示怀疑的人还商议

出了一个办法，他们让巴斯德在大庭广众之下公开自己的实验。显然，其目的不言而喻，是为了让巴斯德因失败而难堪。巴斯德勇敢地接受了这项挑战，他要向世人证明自己方法的正确。

巴斯德的实验地点选在浦列里堡农场，这个小农场位于法国麦郎的附近，农场主是洛辛约尔的朋友。巴斯德当时已是法国很知名的学者，消息被报纸报道了出去，一夜之间，原先不起眼的浦列里堡农场一下子成了人们关注的热点。

实验正式开始这天，浦列里堡农场车水马龙，像过节一样，来了许多知名人士，有研究牲畜疾病的科学家、经营牛羊生意的农场主、大小报社的新闻记者，甚至还有当地政府的市长、议员。人们想亲眼看一看，巴斯德的预防接种的方法究竟是否灵验。

历史将会永远记住这个日子，1881年5月5日，巴斯德的实验正式开始。他挑选了48只绵羊，两只山羊和一些牛作为实验用品。巴斯德给一半的羊注射了稀释过的炭疽杆菌培养液，其余一半的羊则没有注射，作为对照组。5月17日，巴斯德再一次给已注射过的羊第二次注射炭疽杆菌培养液，不过这次的浆液浓度比上次要高。5月31日，巴斯德给所有参加实验的绵羊、山羊、牛等都注射了一次炭疽杆菌培养液，而这一次的浓度则是致命的。人们拭目等候着奇迹的出现。

次日，巴斯德一大早便和助手们赶到了浦列里堡农场，结果和他事先预料的完全一样。注射了预防量的牲畜全部是健康的，而未进行预防接种的牲畜则全部因感染炭疽病而死亡。实验说明，巴斯德的预防接种方法是十分成功的。其实，巴斯德在这以前已做过多次这种实验，不过，虽然公开做这种实验还是第一次，但还是十分有把握的。

消息传开后，整个牧区都沸腾了，人们奔走相告，被可恶的炭疽病折磨了多少代的牧民和农场主们今天终于看到了希望。他们从内心深处感谢巴斯德替法国做了一件大好事，挽救了他们成千上万头的牛羊，也挽救了法国的畜牧业。

实验结束的当天，那位大名鼎鼎的《兽医杂志》的编辑洛辛约尔专程来到了巴斯德的寓所，诚恳地说："巴斯德先生，我衷心地祝贺您。原先我不相信这是真的，这次我亲眼看到了。我钦佩您的胆略和学识，您是世界上最伟大的科学家，我一定要在杂志上撰写文章介绍您的成就，让整个法国，不，让全世界所有的人都了解您。"

巴斯德感慨地紧紧握住了这位大编辑的手。

巴斯德是一位微生物学家，他要用他的知识去造福于整个人类，正当他准备集中精力研究引起人类疾病的病原微生物的时候，法国养鸡业主又慕名找到了他。原来当时法国正流行一种可怕的鸡瘟病。

这种鸡瘟病传播非常快，患病的鸡终日无精打采，耷拉着脑袋，垂着两只翅膀，闭着眼睛，腹泻，不吃食，甚至还会全身出血而大量死亡。此种病称为鸡霍乱病，是由鸡霍乱菌引起的，可在当时人们对这种鸡瘟病还不了解，没有任何预防治疗措施。

在长期艰苦的研究工作中，巴斯德在传染病学方面取得了举世瞩目的成就，受到了人们的普遍尊敬和爱戴；然而在当时的法国学术界，却有极少数人嫉恨他，寻找一切机会与他作对，柯林教授就是其中的一位。

在研究牛羊炭疽病的同时，巴斯德对鸡等家禽也作了观察，发现鸡不会得炭疽病。他将自己的发现在法国科学院学术年会上作了演讲，引起了同行们很大的兴趣。没想到柯林教授第一个站出来反对，他一口咬定鸡这样的家禽类动物也会得炭疽病，还说他很快将制出一些鸡炭疽病的动物模型。其实，柯林对炭疽病并未作过深入的研究，只是主观上认为鸡会得炭疽病。可科学毕竟是科学，主观臆断的东西终究是站不住脚的。不久，巴斯德询问柯林，鸡炭疽病的动物模型搞成没有，柯林无言以对，后来又只好用谎话搪塞，说他做实验的鸡被狗吃掉了。听了这些话巴斯德只是笑了笑，他心里明白，柯林教授是永远做不出他所想象的那种鸡炭疽病模型的。在事实面前，柯林不得不承认自己是失败者。

　　巴斯德是位心胸开阔的人，对个别同行的诋毁他从不放在心上，他想的总是崇高的科学事业。在与柯林教授争论的那段时间里，他已通过一系列实验查明了鸡不得炭疽病的真正原因在于鸟类的体温比其他动物要高，假如能设法降低它们的体温，鸡也会和牛羊一样患炭疽病。巴斯德又做了一次有趣的实验，在法国科学院的一次会议上，他把装有两只活母鸡和一只死母鸡的笼子带进了会场，向人们讲述了实验的过程。原来，在两只活母鸡中，一只在冷水中浸泡过而没有接种过炭疽杆菌的培养液，另一只接种过炭疽杆菌的培养液而没有在冷水中浸泡，而第三只则是在接种了炭疽杆菌培养后很快浸泡在冷水中的，不久就死于炭疽病。巴斯德圆满的解释使与会的专家们十分满意。

　　让我们还是先回到巴斯德对鸡瘟病的研究上来。巴斯德首先想到，能使鸡这类家禽在很短时间内大批死亡的肯定是传染病。经过这么多年的潜心研究，对于巴斯德来说，找到引起鸡瘟病的病原微生物并不难，而困难在于如何发现一种预防鸡瘟病发生的可行的方法。他又在冥思苦想了。

夜深人静，巴斯德又坐到了自己的书桌前，他要集中精力总结一下这些天来的研究工作的进展。门被轻轻地推开了，他的太太走了进来，巴斯德诧异地抬起了头，因为通常这种时候，妻子是不来打扰他的。太太面带喜悦地告诉丈夫，他们的女儿已经订婚了。这消息太突然了，巴斯德又惊又喜。

"是啊，孩子已经长大成人了，我们也都老了！"巴斯德无限感慨地对妻子说。

他轻轻地拉过妻子的手，仔细地端详着她，她依旧是那样的美丽，只不过无情的岁月已使她的眼角布满了皱纹。巴斯德又回想起20年前第一次见到她时的情景，那是在劳郎校长的家中，当时她是那么的年轻漂亮，活泼可爱。光阴似流水，转眼他们的女儿也都长大成人，妻子为了他的事业、孩子的成长及这个温暖的家付出了数不尽的辛劳。忽然，他又想起他可爱的小丽莎，假如她能活到今天，也是一位漂亮动人的少女了，可她只活了两岁，万恶的病魔就夺去了她幼小的生命。想到这一切，巴斯德的眼角湿润了。太太用手绢轻轻擦去了丈夫脸上的泪水，她知道此刻巴斯德心中想的是什么。

这一段时间，除了研究工作以外，女儿的婚事是巴斯德考虑得最多的。巴斯德一向是一位在生活上反对奢侈、崇尚节俭的人。他在想怎样为女儿举行一个最有意义的婚礼。他们全家为此商量了好几次，最后决定，全家乘马车去故乡汝拉省尤拉镇旅行，并在那里举行女儿的婚礼。

与此同时，巴斯德研究鸡霍乱的工作也在紧张地进行。由于在这以前，巴斯德曾系统地研究过牛羊所患的炭疽病，熟悉研究此类疾病的一些方法。这次他把患霍乱病的鸡血放一滴在培养液中，然后放入暖箱里。第二天再取出一滴含菌的培养液，用同样的方法，继续进行新的培养。除此之外，他每天用一定量的含菌培养液给健康鸡注射，注射了这种培养液的鸡，很快出现鸡瘟的症状，不久便死去。巴斯德认真观察每只鸡的发病情况，并逐一做了详细的记录。

当时仰慕巴斯德的人很多，不少人前来跟他学习。在他的助手中，有两位年轻人，一个叫卢赫，另一个叫张贝兰。巴斯德对这两位助手很欣赏，平时许多重要的工作都交给他们两人去完成。眼看女儿的婚期已经临近，巴斯德实在抽不出身来，只好将观察鸡瘟病的任务交给两位助手去办，并叮嘱他们两位一定要做好各项记录。一切工作安排就绪后，巴斯德全家才踏上了去故乡的旅程。

在通往尤拉小镇的乡间公路上，行驶着一辆漂亮的马车，车上除了车夫以外，坐着巴斯德夫妇和他们的女儿女婿。太太这两天特别高兴，女儿出嫁是他们家中的一件大事，做母亲的当然是最操心的，她仔细考虑着女儿婚事的每一个细节，唯恐有不到之处。女儿结婚也难免使她产生一种失落感，可她毕竟是一位开通的母亲，俗话说：男大当婚，女大当嫁。孩子大了，终究要成立自己的小家。丈夫能从繁忙的工作中抽出时间来陪伴她和孩子们几天，使她感到十分的惬意。在她印象中，结婚这么多年，这样的机会没有几次，巴斯德总是一天到晚地忙他的工作。想到这里，她转身看了看身旁的丈夫。

此时的巴斯德正注视着窗外的景色，道路两旁茂密的树林，起伏的山峰，蜿蜒流淌的小河，耸立的教堂，一切都是那么的熟悉，这是父亲当年送他只身外出求学走过的那条路。如今，双亲均已故去，孩子们也已长大成人，他看了一眼坐在前排的两个孩子，今天女儿穿戴打扮得格外漂亮，简直像个高贵的公主。此时两个年轻人正高兴地谈论着窗外的景色。望着这一对幸福的年轻人，巴斯德和妻子会心地笑了。

和巴斯德夫妇当年一样，女儿的婚礼也在尤拉镇里的小教堂内举行。在父母及亲朋好友的陪伴下，一对新人步入了神圣的教堂，他们向上帝起誓，永远相爱，白头到老。婚礼结束后，巴斯德夫妇和故乡的亲人们向新人祝福。大家在欢乐的乐曲声中，跳起了法国的民间舞蹈。

10天愉快的假期很快就过去了，尽管亲友们再三挽留，可巴斯德全家还是按时起程回家，因为对巴斯德来说，已定的时间表是不能改变的，这是他多年生活工作中养成的习惯，此时他还有许多要紧的工作要做，他不能有丝毫的懈怠。

现在还是先看看巴斯德临走前托付的实验进行得怎么样了。巴斯德走后，两位助手开始严格按老师的要求继续他的实验。科学研究是一种崇高而且艰辛的事业，它不仅要求科研人员具有渊博的学识、灵敏的思维，而更要求他们具备普通人难有的意志和耐心，因为在很多情况下，科学研究常常是一种枯燥、乏味、单调的工作。做巴斯德的助手更是不易，老师很少休息，而且总是那样的严格。这天，两位助手望着编号整齐、排列有序的试管瓶，突然心血来潮，私自决定，趁巴斯德外出休假的机会，也给自己放几天假，他们稍作安排后离开了实验室。

在风光怡人的海滨浴场，两位青年人尽情地享受着大自然带来的恩赐。几天以后，这两位助手又悄悄地返回了实验室。

　　按照巴斯德的实验设计，每天要从头天培养的含菌培养液中，取出一滴，放入无菌培养液中，继续进行新的培养。同时每天还必须用一定浓度的新的含菌培养液给健康的鸡注射，并观察鸡霍乱菌的致病性。两位助手的外出度假使这一研究工作中断了，他们没有培养新的含菌培养液，没有办法，他们只好把放在柜子里的旧的鸡霍乱菌培养液给鸡注射了。

　　没想到奇迹发生了，那些注射过旧菌液的鸡，不像以前注射新菌液的鸡那样，很快得病死亡，而是奇迹般地活了下来，而且活蹦乱跳，与健康鸡没什么两样。

　　这可让两位助手犯难了，他们把这些鸡单独放在一起。拿来了一些新培养出的鸡霍乱菌液给这些鸡重新注射，可这些鸡仍然"无动于衷"，而其他用新培养出来的鸡霍乱菌液注射的鸡却生病死去了。

　　看来事情是败露了，老师的实验只好停下来，谁让他俩偷闲犯懒，巴斯德的脾气大家是知道的，他最讨厌那些对工作马虎的人。

假期过得非常愉快，一下车，巴斯德就急匆匆地赶往他的实验室。离开10天了，他想知道实验进展如何。一走人实验室，他就感到了一种异常的气氛，实验已经停止，两位助手红着脸紧张地站在那里，像犯错误的小学生一样，正等着老师的发落。

两位助手如实地向巴斯德讲述了事情的整个经过，巴斯德一言不发，静静地听着，渐渐地，他陷入了沉思之中。突然间，他像触电般地跳了起来，对两位助手大声喊叫："快！把那瓶旧的细菌培养液拿来，就是它在起作用。"两位助手如梦方醒，赶紧找来了那瓶宝贵的旧的细菌培养液。

巴斯德和助手们马上开始了紧张的研究工作，经过反复实验对比研究，他们得出了一条惊人的发现：如果使菌液较久地暴露在空气中，鸡霍乱菌就会逐渐失去其毒性，丧失致病力，可是这种减弱了毒性的菌液却能使生物体从此获得抵抗这种病菌的能力，也就是人们今天常说的免疫力。他把这种能使生物体获得免疫力的病菌称作"菌苗"。

其实，这种免疫的思想早在巴斯德研究牛羊炭疽病时就已经有了，只不过当时还未将这种想法系统化，也没有研制出一种制造菌苗的科学的方法。此时的巴斯德又回过头来研究牛羊的炭疽病。减低炭疽杆菌的毒力以制成疫苗，要比制备鸡霍乱菌苗困难一些，因为在外界环境控制不好的情况下，炭疽杆菌能形成一种名为"芽孢"的小体，所以不能用使含菌培养液在空气中暴露"变陈"的方法。经过反复实验，巴斯德终于摸索出把炭疽杆菌放在42℃—43℃的温度下培养的新方法，选择出了没有致命毒性的菌株，在人类历史上第一次制成了炭疽病的预防疫苗。

　　巴斯德研究病原微生物，做了许多实验，为人类解决了不少问题，可他的最终目的是研究微生物与人类疾病的关系。这是一个新课题，巴斯德没有上过一天医学院校，他的医学知识是靠自学得来的，凭着这种医学基础，他硬是担当起了解决重大医学难题的使命。

　　前面已经提到，在19世纪，产褥热是一种死亡率很高的产科感染性疾病，当时医学界对它的病因还不了解，通过实地调查和显微镜分析，巴斯德终于发现，引起产褥热的病原菌是链球菌，而且证实，引起产褥热的病原菌和人体脓疖中的病原菌是相同的。

在巴斯德生活的年代，外科手术后感染是相当严重的问题。外科医生找不出原因，更不知道如何去预防。可巴斯德想到了。在法国科学院召开的会议上，巴斯德多次向人们呼吁，医生做手术前，应将他们使用的手术器械在火焰上烧一下再使用，这样可以有效地杀灭那些引起伤口感染的病原微生物。可在当时的法国，巴斯德的这一合理建议一直没有被医生们接受。可在同一时期的英国，一位名叫利斯特的外科医生却在仔细地研究着巴斯德的学说。他正是在巴斯德学术思想的启发下，创立了"外科消毒法"他在给巴斯德的一封信中，表达了他的敬仰之情，信中写道："感谢你以自己光辉的研究给我指明了腐败的真正原因，只有依据你提供的原理，我才得以创立外科消毒法。"

狂犬病的克星

巴斯德一生中取得的另一项伟大业绩是研制出了令世人瞩目的狂犬疫苗。

在自然界中，犬应该说是人类最忠实的朋友。千百年来，犬为人类的繁衍生息、生存发展曾立下过汗马功劳。可也正是这些人类的忠诚卫士，在给人们以善良帮助的同时，也悄悄地将一种灾难性的病魔带给了人类，这就是狂犬病。

很早以前人们就已认识到疯狗是本病的传染源。

如远在公元前2300年前的古老的美索不达米亚（这个古老的王国位于今天的伊拉克境内），有一部著名的埃什努纳法典，就已明文规定：如疯狗伤人致死，其主人应赔偿27个锡克尔（一种古钱币），如咬死的是奴隶，则只需赔偿15个锡克尔。

在古代，狂犬病曾是一种病死率很高的疾病。在相当长的历史时期内，人类对它束手无策，只能将治愈此病的希望寄托于神灵。如在古希腊的神话中就有两位去管狂犬病的神，一位名叫河里司泰伊斯，据说他有能力降伏狂犬病。另一位则是阿耳特弥斯，她是一位狩猎女神兼月亮女神，人们都说她掌握有治愈狂犬病的法术。

到了公元1世纪的古罗马时期，人类逐渐知道了一些处理狂犬病的简单方法，如对被疯狗咬过的伤口使用腐蚀剂、拔火罐、烧灼和吮吸伤口等方法，这方法虽然不错，但不能治好狂犬病。现代医学已经证明，狂犬病是由狂犬病毒引起的一种急性传染病。病人除有怕风、兴奋、瘫痪等症状外，最突出的临床表现是因喉头痉挛而不敢饮水，所以又被称作"恐水病"。今天医学上对狂犬病患者的处理包括了三方面的内容：一是处理伤口，二是注射疫苗，三是注射抗血清。这三项措施的重要性各占1/3。专家们认为，除了伤口处理外，古代其他任何方药都难以起到治疗作用。

巴斯德生活的19世纪，是狂犬病依然肆虐的年代。他的家乡尤拉是法国南部的一座古老的小镇，镇上有一条阿波瓦街，是过往客商行人的必经之路。童年时的巴斯德不止一次地听到过被窜到阿波瓦街上的野狼咬伤的受害者的哭喊声。每当这种时候，母亲总是把幼小的巴斯德紧紧地搂在怀里。爸爸告诉他，在狼群中有些是疯狼，如被疯狼咬伤，就会得一种可怕的恐水病，受害者即使不死，也会终生残废，从没有一个人幸免过。或许正是这种童年时代的经历，促使巴斯德走上了这条研究狂犬病的艰难坎坷的道路。

19世纪80年代，巴斯德已是一位世界知名的微生物学家，他取得了病原微生物研究方面的许多成果，尤其是创立了免疫学这门新兴医学学科。现在他要将这些新的医学成就应用于人类的医疗保健事业。他决定把研究狂犬病作为突破口，可此时的巴斯德已是近60岁的老人了。

1880年的春季，巴斯德研究狂犬病的实验工作正式开始。今天人类医学已经证实，狂犬病的病原体是狂犬病毒，它比细菌小得多，用普通显微镜根本无法观察到，所以巴斯德在当时不可能找到这种病原微生物。当时的显微镜只能放大几百倍，而发现病毒要放大几千倍才行。另外，病毒的培养需要特殊的条件，不是普通的肉汤培养液能够培养出来的。

巴斯德一开始就遇到了难题，看来遵循过去的经验，使用显微镜，用细菌培养等一套方法是不可能获得结果的，必须有新的思路，他的大脑又开始了苦苦的思索。

第二天早饭后，巴斯德一个人来到了动物房。在最后一间房子内，十几只疯犬被分别关在不同的铁笼子里，这是巴斯德让助手们花高价从各地收购来的，因为猎捕疯犬是一件很危险的工作，很少有人敢问津此事。见到有人进来，疯狗一片狂吠。巴斯德专注地打量着这些可怜的动物，脑子里在想，"怎么才能证实狂犬病是病原微生物引起的呢？"一只疯狗嘴角流出的涎水启发了他思路，"对，唾液，就用唾液。"他兴奋地赶回了实验室。

经过反复考虑，他设计出了一个实验方案。这天，巴斯德和助手们又来到了动物房，他们把关在铁笼里的疯犬先用套圈套住，拉到笼栅边，再使劲地把疯犬的嘴撬开，然后巴斯德亲自把一根细长的玻璃管伸进狗嘴，将唾液一滴滴地吸进杯子里。这场面真够惊心动魄的，就如同虎口拔牙一样。巴斯德熟练的操作令助手们十分钦佩。

原来巴斯德是想用狂犬的唾液给其他健康动物注射，来间接证明引起狂犬病的病原微生物的存在。可实验结果并不像他想象的那样简单。助手们用同等剂量的狂犬唾液给一组健康的兔子注射，观察它们的变化，发现被注射了的兔子并不一定死，而死去的兔子也未必全都是因为感染了狂犬病。这种结果真让人费解。巴斯德和助手们又开始琢磨了。

巴斯德得出了这样的结论：一是狂犬的唾液中所含引发狂犬病的病原微生物的浓度不高；二是唾液中同时含有多种致病的细菌，所以兔子表现的情况比较复杂。应该选择理想的实验材料。

一个助手提议采用狂犬的血液，巴斯德同意了，可实验结果同样不理想。这次真把巴斯德难住了，"难道真想不出办法了吗？"他在问自己。

几十年的科学研究工作已使他养成了遇到重大难题沉着冷静的良好习惯。他又对实验动物作了反复观察，发现狂犬病主要表现出神经系统的症状。"会不会狂犬的神经组织中含有那种大量的引发狂犬病的神秘的病原微生物呢？而神经组织中是不含有杂菌的。"他想不透。

于是他立即回到实验室，取出了一些狂犬的脑组织，将这些脑组织在无菌水中磨碎，制成注射液，分别给兔子注射，这次所有实验的兔子都得了狂犬病。

巴斯德有关狂犬病的研究又向前迈进了重要的一步。

可此时又出现了新的问题，实验动物狂犬病潜伏期的长短差异很大，这又怎么解释呢？巴斯德又在思索。医学上所说的潜伏期是指从病原体侵入机体开始，直到最初症状出现为止的这一段时间。各种疾病潜伏期的变异幅度大体上是一定的，如麻疹潜伏期通常为10—11天，天花病的潜伏期为12—14天，而狂犬病的潜伏期为14天。科学研究本身就是一种追求和探索，巴斯德和助手们又改变了原来的实验步骤，他们先在实验动物颅骨上作一个切口，然后将狂犬材料经颅骨切口直接注射到动物的脑部，结果这组实验动物不仅全部患了狂犬病，而且潜伏期完全相等，均为14天。巴斯德和助手们用人工方法制造狂犬病动物模型的目的终于达到了。

下一步，巴斯德要寻找彻底预防狂犬病的方法，这才是从事此项研究的真正意图，也是人类由来已久的愿望。如何解决材料的来源问题呢？以前巴斯德研制鸡霍乱和炭疽杆菌菌苗时，总是先作细菌培养，然后让这些含菌的培养液"变陈"，再经过一定的处理，最后生产出所需的菌苗。可此次研制狂犬疫苗，采用过去那套方法已经不行了，前面已经说过，狂犬病毒要比普通细菌小得多，在巴斯德生活的19世纪，人类还无法直接得到这种病原体，当然就更谈不上用它来制造疫苗了。巴斯德不愧为杰出的微生物学家，他自然能想出自己的办法。经过反复考虑，巴斯德决定采取迂回的战略，用患狂犬病动物的神经组织来代替。

　　根据以前的经验，巴斯德知道，细菌材料经过长期的放置后，毒力会逐步降低。他在想，患狂犬病的动物的神经组织经过处理后，会不会也出现类似的情况呢？他又开始了新的实验。他摘取了患狂犬病的兔子的一段脊髓，把它悬挂在实验室里的无菌玻璃瓶中，这样他每天亲自作观察记录。结果发现，这份材料的毒力随着时间的延长逐渐降低，到了第14天，毒力竟完全丧失。这又是一项了不起的发现。此时的巴斯德，简直按捺不住自己激动的心情。

他们立即将此种方法在动物身上进行了实验。巴斯德用干燥时间不同的患狂犬病动物的脊髓，分别制成不同规格的浆汁，给动物注射，每天注射一次，到第14天，他用才干燥一天的患狂犬病的兔子脊髓给动物注射。

　　在通常情况下，这种程度毒力的材料完全可以导致动物发生狂犬病。可是，奇迹终于出现了，接受注射的兔子安然无恙。巴斯德太高兴了，他和助手们举杯庆贺，就这样，巴斯德和助手们历时整整5年的艰辛研究，在人类历史上第一次研制出预防和治疗狂犬病的微生物注射液，也就是今天人们所说的狂犬疫苗，实现了人类千百年来征服狂犬病这一可怕病魔的梦想。

　　1885年盛夏的一天早上，巴斯德正在工作室里阅读资料，他想把5年来研究狂犬病积累的材料整理一下，然后写出一篇有关研究狂犬病疫苗的论文。他将把这篇文章在当年秋天举行的法国科学院学术会议上宣读。的确，这是一个使全世界科学家都感到震惊的发现。这时，传来了一阵轻轻的敲门声，巴斯德抬起了头。

进来的是巴斯德研究所的守门人，他告诉巴斯德，说门口有位妇人有要紧的事一定要见他。巴斯德对来访者总是很热情的，他答应马上见这位妇人。

这是一位满面愁容的中年妇人，身边还跟着一个浑身被绷带缠裹着的9岁的男孩。这小男孩叫梅斯特，两天前，与伙伴们玩耍时，不幸被一条凶猛的疯狗咬伤，多亏大人们及时赶到，才将疯狗打死了。

巴斯德为他仔细检查了伤口，孩子的面部、臀部和腿部多处被狂犬咬伤，全身伤口竟有14处之多，伤口上还留有疯狗牙齿的痕迹，真是惨不忍睹。可怜的小梅斯特痛苦地呻吟着，疼痛使他走路都有困难。"救救我这可怜的孩子吧，好心的巴斯德先生，否则他一定会死去的。"那泣不成声的妇人向巴斯德哀求着。

望着眼前的这母子俩，巴斯德的心情异常的沉重。千百年来这可恶的狂犬病不知夺去了多少人的生命，站在面前的可怜的小梅斯特，还是一个刚刚9岁的孩子呀，如不给予及时的治疗，他会很快离开人世的。此时，他又想起他那可爱的小丽莎，那个送走丽莎的可怕的夜晚。可巴斯德又犹豫了，虽说这种方法在动物身上实验已长达5年，而且基本上取得了成功，可他毕竟从未在人体上作过尝试啊！巴斯德知道，很多时候，对动物有效的疫苗对人体未必有效。

巴斯德没有时间去过多地考虑这些了，救人要紧，若不作紧急处理，孩子将必死无疑。他又征求了两位同行的意见，他们也都认为应马上给孩子接种。这天晚上，巴斯德给小梅斯特作了人类有史以来第一例狂犬疫苗的预防接种。根据动物预防接种成功的经验，人体接种也需要14天，每天一次。这段时间，为了方便治疗，小梅斯特母子被安排住进了巴斯德研究所内。

随着孩子接种材料毒性剂量的逐渐加大。巴斯德的忧虑也越来越深，这些天他起床后的第一件事就是去看看孩子。小梅斯特似乎已成了他生命中的一部分，连梦中见到的也是小梅斯特。一天夜里，他梦见孩子正在一座漂亮的花园里蹦蹦跳跳地嬉戏玩耍，突然窜出一条疯犬，冲着小梅斯特身上就是一口，孩子倒在地上，痛苦地呻吟着。他还梦见孩子因接种材料毒性过大而死去。噩梦把他从梦中惊醒。小梅斯特仍然健康地活着。

这些日子对巴斯德来说，真可谓是度日如年，他好像苍老了许多。7月16日这天，终于等来了最后一次注射，巴斯德取来了前一天从病兔身上采的狂犬病材料，这是毒性最高的一次。巴斯德看了一眼小梅斯特，孩子并没有意识到这潜在的危险，仍闪着一双蓝蓝的大眼睛，静静地等着巴斯德先生给他注射，因为妈妈曾告诉他，只有巴斯德先生能治好他的病。此时，巴斯德手中的注射器好像有千斤的重量，小梅斯特的性命正攥在他的手心里。可他没有别的选择。

这一针终于注射完了，巴斯德瘫软地坐在了椅子上，这位60多岁的老人的精神像是已到了崩溃的边缘。这天晚上，小梅斯特像往常一样来与他亲爱的巴斯德先生吻别，然后愉快地回到了他和母亲的房间里。可巴斯德却一点睡意也没有，他两眼望着天花板，思绪乱极了，他老是担心小梅斯德会突然死去，不知怎么，这一夜似乎特别的长。

第二天天刚蒙蒙亮，孩子的母亲就来告诉巴斯德，一切都很正常，也就是说孩子已度过了危险期，耐受住了狂犬疫苗的毒性，小梅斯特得救了。巴斯德此刻的心情的确难以用言语来表达，他紧紧地搂着孩子，眼角流出了两行晶莹的热泪。

秋天，在巴黎郊外一处僻静的乡村小道上，一辆马车载着一老一少父女两人，这是巴斯德和他的女儿，他们正赶往巴黎郊外的乡间别墅。多年来，巴斯德总是孜孜不倦地工作，很少有时间外出休假。此次为小梅斯特治病，他承受了巨大的精神压力，这些已使这位年逾花甲的老人疲惫已极，再也不堪重负了。在太太和孩子的一再劝说下，他这才决定来巴黎郊外的别墅中小住几日。

乡村的空气是清新的，假期生活也很愉快。巴斯德每日由女儿陪伴着在林间小道上散步，尽情地享受着那美丽的田园风光。当然，作为一名学者，他始终忘记不了自己的研究工作，每天上午，他仍要抽出一定的时间阅读一些资料和书籍，他要使他的狂犬疫苗的研究工作更加完善，尽快地在临床上普及，挽救更多患者的生命。除此之外，小梅斯特的病情也是他经常考虑的问题之一，孩子的危险期已经过去了，预防接种效果也不错，可以后会不会发病呢？就当时的免疫学发展水平和对狂犬病的认识程度来说，要想准确地预测患者以后的情况还是很困难的，他每天都急切地盼望着收到有关孩子近况的来信。庆幸的是由于巴斯德使用狂犬疫苗为孩子实施了及时的预防接种，小梅斯特痊愈了。据说后来他还当了巴斯德研究所的看门人。

这天，巴斯德正在书房内读书，女儿走了进来，手中拿着邮差刚送来的一封急信。信是从巴斯德研究所寄来的，巴斯德赶忙拆开了信。看着看着，他的双眉紧皱了起来，他嘱咐女儿马上收拾行装。原来信中说，有一位被狂犬咬伤的患者，现正在巴斯德研究所内，性命攸关，请他立即返回巴黎抢救。

在巴黎的巴斯德研究所临时改建的病房内，巴斯德见到那位被狂犬咬伤的病人，是个14岁的男孩，名字叫朱匹利，淡黄卷曲的头发，长着一双明亮有神的大眼睛，脸上还留着一种天真的稚气。此时小朱匹利正安静地躺在病床上，身上缠满了绷带。

小朱匹利的父母给巴斯德和他的同事们讲述这样一个英勇感人的故事。朱匹利的家住在法国的北部，那里有一望无际的肥沃的草场，成群的牛羊，清澈的泉水，小朱匹利的童年就是在牧区中度过的。他的父母都是牧民，白天朱匹利和大人们一同外出放牧，晚上在灯下听父辈们讲流传在牧民中的英雄故事，渐渐地小朱匹利懂得了许多做人的道理。

故事发生在6天前，这天小朱匹利和几个小伙伴一同出去放牧，他们来到了一条小河边，羊群在河边吃着鲜嫩的青草，伙伴们在附近愉快地玩耍。时间已快到了中午，朱匹利正要招呼小伙伴们一起吃午饭，突然，河岸边传来了一阵惊叫声，朱匹利顺着声音望去，只见一条凶猛的大黄狗正向几个玩耍的孩子扑去，孩子们则拼命地拿手中的棍棒抵挡躲闪。朱匹利认出这是隔壁邻居家的那只牧羊犬，奇怪，平常很通人性的狗今天怎么乱咬起人来了。猛然间，他想起了大人们常讲起的狗发疯的事。这种事在牧区经常发生，如人被疯狗咬伤，就会得一种十分可怕的狂犬病，那是必死无疑的。绝不能让疯狗咬伤小伙伴，想到这里，小朱匹利像一支离弦的箭一样，冲向小河边。

那边几个孩子正与疯狗搏斗，渐渐有些体力不支，恰好这时朱匹利跑了过来。他巧妙地引开了疯狗，让几个年幼的孩子躲了起来。那条疯犬不顾一切地向他扑来，他的腿被疯狗咬着了，顿时鲜血染红了裤角，他忍着剧烈的疼痛，继续与疯犬搏斗，最后终于机智地逮住了它，用自己的牧鞭把狗嘴绑紧，把它拖到河中淹死了。6个小伙伴得救了，可此时的朱匹利已是满身伤痕，痛得昏了过去。听完了朱匹利父亲的叙说，巴斯德和在场所有的人都流下了眼泪，他们从心里深深地敬佩这位舍己救人的小英雄。

抢救工作开始了，巴斯德仔细给朱匹利作了全面的检查，制订了完整的治疗方案。朱匹利从牧区来到巴黎，路上已用去了六天的时间，已是筋疲力尽，这给治疗造成了不利的影响，但此时巴斯德已积累了一定的经验，经过一个时期的精心治疗，这孩子终于奇迹般地好了。为了表彰孩子这种勇于献身的精神，法国科学院还专门给他发了一笔奖金。

狂犬疫苗的研制成功使巴斯德和他的研究所的名气越来越大了，许多患者千里迢迢，甚至远涉重洋来向他求医。

一天，巴斯德在他的研究所内接待了4位美国孩子，他们来自美国西部山区，也是外出放牧时被狂犬咬伤的，他们的父母为给这些孩子治病，几乎用尽了平生的积蓄，但是毫无效果。他们从美国的报纸上知道巴斯德研究出狂犬疫苗的消息后，在医生的陪伴下，不畏艰险，乘轮船渡过了波涛汹涌的大西洋，来到了法国巴黎。看着这些风尘仆仆、远道而来的美国客人，巴斯德的心情格外激动。他想，他一定能治好这些可爱的小患者，让他们和自己的父母一起，重新返回自己美丽的家园。巴斯德为他们逐一检查了伤口，由于在被狂犬咬后的当天，当地医生对孩子的伤口进行了局部处理，减缓了狂犬病毒的传播速度，这样就赢得了宝贵的时间。巴斯德立即为他们进行了狂犬疫苗的预防接种。经过巴斯德和助手们的精心治疗和护理，1个月后，这4个美国孩子完全康复了。

临别时，一位美国父亲含着热泪，紧紧地握着巴斯德的手，深情地说："是您的神奇的疫苗和高超的医术救活了这些可怜的孩子，他们将永远忘不了您的救命之恩，全体美国人民也会为此而深深地感谢您。"从此以后，巴斯德的名字随着他那疗效非凡的狂犬疫苗，逐渐传遍了全世界的每一个角落。

一百多年来，巴斯德的狂犬疫苗救活了世界上无数的人，可狂犬病终究是一种异常凶险的传染病，即使是巴斯德这种特异性很强的狂犬疫苗，也有无能为力的时候。那是巴斯德的狂犬疫苗问世的第二年，人们送来了一位名叫柏拉第的10岁的小姑娘，她的头部被一只疯犬咬成了重伤，而且在巴斯德见到她之前，已经过去了整整37天。巴斯德知道狂犬病毒的传播速度，很清楚这37天对柏拉第的生命意味着什么。他有些踌躇了，如果治疗失败，他的对手一定又会借此拼命攻击他，但个人得失算得了什么，科学家的崇高的人道主义精神终于使他下了决心，他接受了小柏拉第。

经过巴斯德的治疗，小柏拉第的病情出现了转机，一天天地好转，甚至可以进学校读书了，巴斯德和大家同样的高兴。可病魔是无情的，狂犬病毒已进到了小柏拉第的神经深处，她终于倒下了，再也没有站起来。给柏拉第送行这天，这位60多岁的老人，紧紧地抱着孩子的父母，哽咽着说："我总希望将您的女儿救活，但她还是死了。"小柏拉第的父亲感激地说："巴斯德先生，您已经尽力了，我们从心底感谢您。"孩子离去了，可小柏拉第的音容笑貌却永远留在了巴斯德的脑海中，使他心有不安。

1886年的3月，寒冬渐渐过去，万物开始复苏，温暖的阳光洒满巴黎的街道。这天，巴斯德研究所来了19位身着皮衣、头戴皮帽的异乡人，他们身上都被绷带缠裹着。由于语言不通，无法进行交流，经过查验护照才知道，他们来自俄国的斯摩棱斯克。巴斯德请来了一位俄文翻译。翻译告诉他，这些人是斯摩棱斯克的农民，他们外出狩猎时，遇到了可怕的狼群，经过搏斗，狼群被驱散了，可他们却被狼群中的疯狼咬伤，而且已经过去10天了。

巴斯德认真地听着，虽说狂犬病毒散播的速度很慢，可10天的时间，这些病毒也足可以深入到人体的脊髓和脑部，无疑增加了治疗的困难。可他们不远千里而来，不就是希望他能够拯救他们的性命吗？想到这里，巴斯德不再犹豫了，无论如何要尽自己最大的努力去救治他们。

巴斯德的研究所因病床有限，无法同时接收这么多的病人就诊，除了5位不能行动的重患者以外，其余14位均安排在研究所附近的天主旅馆，他们每天按时来研究所接受治疗。巴斯德根据以往的经验，决定每天给他们实施强化治疗，由过去常规的每天一次注射改为两次注射。就这样，经过一段时间的治疗以后，巴斯德终于将其中的16位受伤者从死神手中夺了回来，而3个伤势过重的患者还是死去了。

这16人的平安返回震动了当时整个俄国医学界。人们万万没有想到，这些原本送到法国去死的人中的绝大多数居然能痊愈而归，真是不可想象的奇迹。举国上下像欢迎凯旋的英雄一样，欢迎这16位康复者。

时过不久，巴黎的巴斯德研究所内来了一位尊贵的客人，他就是当时俄国沙皇的哥哥佛拉的喀甫喀斯大公爵。他此行出访法国负有一项特殊的使命。原来16位获救的俄国农民返回俄国后，在国内引起了很大的轰动，此事很快传到了沙皇的耳中，为了感谢巴斯德对人类医学所作的杰出贡献，也为了借此表达对法兰西人民的友好情谊，他特意委派佛拉的喀甫喀斯大公爵专程将一枚镶嵌着名贵的圣安尼钻石的俄国十字奖章授予了巴斯德。另外还将10万法郎巨款赠送给了巴斯德研究所。

不朽的丰碑

狂犬疫苗的研究几乎耗尽了巴斯德一生中最后的精力。他渐渐地觉得精神实难支持了，朋友们都劝他好好休息一段时间。他接受了友人的好意，巴斯德在太太和女儿的陪伴下，全家来到了很少有时间光顾的风景优美的乡间别墅。

早晨，雨后的空气格外的清新，巴斯德在女儿的搀扶下沿着幽静的林中小道漫步，望着蓝天中飘过的几朵白云，这年近古稀的老人的思绪仿佛又回到了那逝去的童年时代。小时候他有许多美好的幻想，有一次，他曾天真地告诉爸爸，长大了他要造一条大船，载着爸爸妈妈和全家人顺着家乡的小河，一直飘到大海中去。看着小巴斯德那副极认真的样子，爸爸妈妈都开心地笑了。慢慢地巴斯德长大了，读了书，懂了许多道理。这时，他的理想是做一名教师，教给孩子们各种知识和学问。可谁知他最终从事的职业却是研究传染病，与病菌和显微镜打了一辈子的交道。他喜爱自己的职业，他懂得，正是由于他所做的工作，才使世界上无数的人免受传染病的折磨。多少年来，这种信念使他忘记了自己身体所遭受的折磨和病痛，发奋地为国家为人类工作。想到这一切，一股巨大的力量似乎又重新回到了他的身上。

巴斯德要用他在科学上的发明创造造福于全世界所有的人，狂犬疫苗的研究成功救活了世界上无数濒临死亡的患者。他认为科学研究成果是全人类的共同财富，他曾说过，"科学无国界"。一百多年来，巴斯德的这句至理名言激励了一代又一代科学工作者。

巴斯德又是一位坚定的爱国者，他还说过，"学者是有祖国的"。他厌恶官场上的尔虞我诈，一生不入仕途，可永远热爱着自己的祖国，绝不做有损国家民族的事。1870年7月19日普法战争爆发，其实，从本质上讲，这是法兰西和普鲁士两国统治集团为争夺欧洲霸权而发动的战争，经过浴血奋战，至1871年1月28日，以法国战败而告终。此次战争给德法两国，尤其是法国人民带来了深重的灾难，到处尸横遍野，生灵涂炭。1871年5月10日两国在德国的法兰克福签订和约，根据此和约规定，法国将割让阿尔萨斯和洛林两地，并赔款50亿法郎。作为一名为人类和平进步事业而工作的科学家，巴斯德对这场罪恶的战争深恶痛绝，可他又深深地热爱着自己的祖国，热爱着每一寸国土，他站在自己的国家民族一边，为了表达自己的满腔义愤，他毅然决然地退回了德国波恩大学赠给他的名誉证书。巴斯德心中明白，他所痛恨的并非德意志人民，更不是波恩大学，那里有许多他尊敬和熟悉的专家同行，有他喜欢的学生，他曾多次去波恩大学讲学；他恨的是那个罪恶的帝国，那场可恶的战争，那些制造这场灾难的人。

此场战争已过去了多年，大地早已恢复了往日的宁静，可在巴斯德心中却留下了永远难以磨灭的印象。他终于懂得了一个道理，战争就像可怕的瘟疫一样，时时刻刻威胁着人类的生存，人类要想永远享受和平安宁，就必须彻底消灭不义的战争。从此，他走进了反对不义之战的行列，利用一切机会，宣传和平，抵制把科学研究成果用于战争。

"爸爸，咱们该往回走了。"女儿的轻声呼唤打断了巴斯德的回忆，他这才注意到，原来林中的小路已到了尽头。他们开始往回走。

"真快呀，时间一晃自己已是快70岁的人了。"巴斯德似乎在自言自语地感叹。的确，他觉得自己还有许多事情要做，他还有那么多的课题需要设计和论证，可如今他已是力不从心了，他多么希望自己能够再年轻20岁。

休假返回巴黎后，巴斯德的身体并没有得到恢复，而是日见衰弱了。家人和朋友们都非常着急，可又有什么办法呢？长期过度的劳累已使这位科学巨人的体力消耗殆尽了：这年，巴斯德学院宣告成立，并举行了隆重的仪式，这是巴斯德多年梦寐以求的心愿，人们请这位法国科学界的老前辈讲话，此时的巴斯德兴奋不已，可他已衰弱得说不出话来，只能让孩子来代他宣读演讲词。

巴斯德生命中的最后几年，体力虽然不行了，可脑子依然很清楚。这段时间他仍住在巴黎，指导着学生们继续他未完成的事业，他还在关心一些传染病课题的进展情况，尤其是对白喉症的研究。

对那些为人类进步事业作出过重要贡献的人，人民是永远不会忘记的。1892年岁末，在巴斯德70岁生日之时，法国政府和科学界人士为他举行了隆重的庆祝活动。

这是个令人难以忘怀的一天，1892年12月27日，富丽堂皇的法国科学院会堂门前车水马龙，迎来了许多尊贵的客人。他们中间有法国总统、上下议院的议员、世界许多国家驻法国的外交使节。另外，还有当时科学界的不少著名人士，如与巴斯德共事多年的度克那斯、麦契尼克夫等。在这些人中，有一位学者特别引人注目，他的头发很长，一直垂到肩上，一双有神的大眼睛，总是闪烁着智慧的光芒，他就是发明了外科消毒防腐术的英国著名外科学家利斯特。

平日人们或许很少有机会相聚在一起，他们或者忙于政务，或者埋头致力于自己的科学研究。而今天他们却为了一位伟人的寿辰相会在这里。人们是来向他问候，向他致敬的。

突然，人们不约而同地朝大厅入口处望去，一位头发灰白，身体衰弱，拖着一条跛腿的老人，在法国总统的搀扶下蹒跚地走进了会场大厅，全场顿时响起了一阵雷鸣般的掌声。

他就是巴斯德，一个用自己的智慧拯救了全世界无数人生命的人，一个给他的国家和人民乃至全人类带来了巨大财富的人。常人很难想象，这位顽强的老人是怎样拖着这条病残的腿，与命运抗争了20余年，在科学研究方面取得了如此辉煌的业绩。人们争先恐后地与巴斯德握手，用最美好的词句表达自己的祝福和敬仰之情。在许多人发表颂词以后，因受巴斯德学术思想启发而发明了外科消毒法的利斯特最后站了起来说："您为世人揭开了传染病的黑幕。"这句简洁的话，是对巴斯德一生为人类所作贡献的最好评价。面对人们的赞扬和夸奖，巴斯德感激万分，他站了起来，拿出了事先准备好的文稿，他要表达自己此时的心情，可他的声音太微弱，无法让人们听见，最后还是请别人代读。巴斯德是这样写的："无论我们的工作是否对于人类有益，我们可以说，在我们所想达到的目标的行程中，我们已经尽了自己的力量了。"巴斯德是这么说的，而且确实也是这么做的。

　　时间已经是1895年的盛夏，巴斯德被送到了法国的微尔涅甫。人们希望他在那里能够恢复健康，可他的病情却日渐加重，谈话也更加困难，他已没有力量重新拿起那支握了多年的笔，和助手们研究白喉症了。这段时间巴斯德太太几乎日夜守候在丈夫的床

前，她想尽可能地替巴斯德分担痛苦。可病魔是无情的，1895年9月27日，法国杰出的医学微生物学家路易斯·巴斯德与世长辞，享年73岁。人们将会永远缅怀这位为人类医学进步而奋斗了一生的先驱者。

在科学研究方面取得了如此辉煌的业绩。人们争先恐后地与巴斯德握手，用最美好的词句表达自己的祝福和敬仰之情。在许多人发表颂词以后，因受巴斯德学术思想启发而发明了外科消毒法的利斯特最后站了起来说："您为世人揭开了传染病的黑幕。"这句简洁的话，是对巴斯德一生为人类所作贡献的最好评价。面对人们的赞扬和夸奖，巴斯德感激万分，他站了起来，拿出了事先准备好的文稿，他要表达自己此时的心情，可他的声音太微弱，无法让人们听见，最后还是请别人代读。巴斯德是这样写的："无论我们的工作是否对于人类有益，我们可以说，在我们所想达到的目标的行程中，我们已经尽了自己的力量了。"巴斯德是这么说的，而且确实也是这么做的。

　　时间已经是1895年的盛夏，巴斯德被送到了法国的微尔涅甫。人们希望他在那里能够恢复健康，可他的病情却日渐加重，谈话也更加困难，他已没有力量重新拿起那支握了多年的笔，和助手们研究白喉症了。这段时间巴斯德太太几乎日夜守候在丈夫的床

前，她想尽可能地替巴斯德分担痛苦。可病魔是无情的，1895年9月27日，法国杰出的医学微生物学家路易斯·巴斯德与世长辞，享年73岁。人们将会永远缅怀这位为人类医学进步而奋斗了一生的先驱者。

在科学研究方面取得了如此辉煌的业绩。人们争先恐后地与巴斯德握手；用最美好的词句表达自己的祝福和敬仰之情。在许多人发表颂词以后，因受巴斯德学术思想启发而发明了外科消毒法的利斯特最后站了起来说："您为世人揭开了传染病的黑幕。"这句简洁的话，是对巴斯德一生为人类所作贡献的最好评价。面对人们的赞扬和夸奖，巴斯德感激万分，他站了起来，拿出了事先准备好的文稿，他要表达自己此时的心情，可他的声音太微弱，无法让人们听见，最后还是请别人代读。巴斯德是这样写的："无论我们的工作是否对于人类有益，我们可以说，在我们所想达到的目标的行程中，我们已经尽了自己的力量了。"巴斯德是这么说的，而且确实也是这么做的。

　　时间已经是1895年的盛夏，巴斯德被送到了法国的微尔涅甫。人们希望他在那里能够恢复健康，可他的病情却日渐加重，谈话也更加困难，他已没有力量重新拿起那支握了多年的笔，和助手们研究白喉症了。这段时间巴斯德太太几乎日夜守候在丈夫的床

前，她想尽可能地替巴斯德分担痛苦。可病魔是无情的，1895年9月27日，法国杰出的医学微生物学家路易斯·巴斯德与世长辞，享年73岁。人们将会永远缅怀这位为人类医学进步而奋斗了一生的先驱者。

在科学研究方面取得了如此辉煌的业绩。人们争先恐后地与巴斯德握手，用最美好的词句表达自己的祝福和敬仰之情。在许多人发表颂词以后，因受巴斯德学术思想启发而发明了外科消毒法的利斯特最后站了起来说："您为世人揭开了传染病的黑幕。"这句简洁的话，是对巴斯德一生为人类所作贡献的最好评价。面对人们的赞扬和夸奖，巴斯德感激万分，他站了起来，拿出了事先准备好的文稿，他要表达自己此时的心情，可他的声音太微弱，无法让人们听见，最后还是请别人代读。巴斯德是这样写的："无论我们的工作是否对于人类有益，我们可以说，在我们所想达到的目标的行程中，我们已经尽了自己的力量了。"巴斯德是这么说的，而且确实也是这么做的。

　　时间已经是1895年的盛夏，巴斯德被送到了法国的微尔涅甫。人们希望他在那里能够恢复健康，可他的病情却日渐加重，谈话也更加困难，他已没有力量重新拿起那支握了多年的笔，和助手们研究白喉症了。这段时间巴斯德太太几乎日夜守候在丈夫的床

前，她想尽可能地替巴斯德分担痛苦。可病魔是无情的，1895年9月27日，法国杰出的医学微生物学家路易斯·巴斯德与世长辞，享年73岁。人们将会永远缅怀这位为人类医学进步而奋斗了一生的先驱者。

世界五千年科技故事丛书